원문 독해
『孫子兵法(손자병법)』

원문 독해
『孫子兵法(손자병법)』

윤인현

도서출판 지성人

··· 서문 ···

　『孫子兵法(손자병법)』은 제(齊)나라 사람으로, 오(吳)나라 왕 합려와 부차 시대에 출사(出仕) 한 손무(孫武)가 쓴 책이다. 사마천의 『사기(史記)』「손자열전(孫子列傳)」에는 손무가 오나라 왕 합려를 만나 병법의 시행을 통해 장군으로 임명되는 예화가 실려 있다.

　오나라 왕 합려가 부녀자를 이용하여 『손자병법』에 나오는 병법으로 군대를 지휘해 보라고 하였다. 이에 손무가 '좋다'고 하여, 궁중 미녀 180명을 불러 모았다. 손무는 그들을 두 편으로 나누어, 오나라 왕 합려가 총애하는 희첩 두 명을 각각 두 편의 대장으로 삼았다. 그리고 모든 미녀들에게 창을 들게 하고 명령을 내렸다. "앞으로 하면 가슴쪽을 보고, 좌로 하면 왼쪽을 보고, 우로하면 오른쪽을 바라보고, 뒤로 하면 등 뒤쪽을 보아라"라고 하였다. 그리고 군령을 선포하고 부월(鈇鉞-고대 군법에서 사람을 죽이는 데 사용하던 도끼)을 갖추어놓고 결정된 군령에 대해서 여러 차례 되풀이해서 설명하였다. 그리고 북을 치면서 '우로'라는 구령을 내렸지만, 궁중 미녀들은 웃기만 하였다. 그러자 손무가 "군령이 불분명하고 호령이 숙달되지 않은 것은 장수의 잘못이다"라고 하고는 다시 여러 차례 반복해서 설명한 후에 북을 치면서 '좌로'라는 구령을 내렸지만, 미녀들은 또 크게 웃기만 하였다. 손무는 "군령이 불분명하고 호령이 숙달되지 않은 것은 장수의 잘못이나, 군령이 이미 분명함에도 구령대로 따르지 않은 것은 병사들의 직속 지휘관인 대장의 잘못이다"

라고 하여, 좌우 대장을 참수하려고 하였다. 이 장면을 지켜보던 왕 합려는 애첩을 잃을 것을 염려하여, 급히 전령을 보내 장군의 용병술이 이미 능한 것을 알았으니, 두 애첩을 살려줄 것을 요구하였다. 그러자 손무는 "저는 이미 왕의 명을 받아 장수가 되었습니다. 장수가 군중에 있을 때에는 왕의 명령이라도 받들지 않을 수 있습니다"라고 하여, 두 애첩 대장을 참수하여 본보기로 삼았다. 그런 후 다시 두 명을 대장을 정하고 '앞으로' '뒤로' '왼쪽으로' '오른쪽으로' 등 구령을 내리니, 일사불란(一絲不亂)하게 움직이면서 감히 다른 소리를 내지 못했다. 이 모습을 본 합려는 손무가 용병에 뛰어난 것을 알고 장군으로 임명하였다.

　예화에서 알 수 있는 바와 같이 『손자병법』은 전쟁에 이기기 위한 용병술이다. 그래서 다른 사람의 목숨은 전쟁에서 이기는 것보다 중요하지 않다. 춘추시대 힘의 우위를 통해 제후국이 형성되던 시대이기 가능했던 것이다. 지금은 춘추시대만큼이나 힘이 우위가 지배하는 글로벌 시대이다. 조금만 시대 변화에 따라가지 못하면 기업이 사라진다. 따라서 글로벌 시대에 총칼만 안 든 무역 전쟁 시대에 『손자병법』의 원리를 적용해 보면, 이윤 창출의 극대화를 이룰 수 있지 않을까? 경쟁 기업의 정보를 알아내고, 마케팅 전략을 살펴 우리 회사가 나아갈 방향을 정하면 무한 경쟁 시대에 시대를 선도하는 기업이 될 수 있을 것이다. 손무가 제시한 13편의 병서는 무역 전쟁 시대에 새로운 아이템을 제공해 줄 것이기 때문이다. 그래서 원문에 충실한 완전 독해를 취했다. 원전 독해를 통해 아이디어를 얻기 바라는 뜻도 있다.

　『손자병법』의 원문 〈번역〉은 직해 위주로 하였으며, 한자의 뜻과 음을 달아 독자의 편리를 도왔다. 그리고 〈설명〉 부분에서 의역하여 의미를 자세히 전달하고자 하였다. 지금까지 출판된 『손자병법』은 대부분이 의역되거나 해설된 책들이었다. 그래서 『손자병법』의 원문

도 소개하고 저자인 손자가 어떤 말을 정확하게 하였는지를 보여주기 위해서 직역의 방법을 택한 것이다. 뿐만 아니라『손자병법』전편을 직역한 번역서도 없기 때문이다. 독자 여러분은 '원문 독해『孫子兵法(손자병법)』'을 통해 글로벌 시대 무한 경쟁에서 살아남는 법도 배우고, 처세법도 익히기 바란다. 그리고 덤으로 한문에 '토'를 달아 독자가 문장을 편하게 읽을 수 있게 하였을 뿐만 아니라, 한자의 음도 달아 현재 독자들의 편리함과 가독성에 이바지 하고자 하였다.

2019. 3. 20.
윤 인 현

… 목차 …

■ 제1권.
　始計篇(시계편) - 맨처음 계획을 세운다는 편　11

■ 제2권.
　作戰篇(작전편) - 전략·전술을(작전하는) 것을 기록한 편　21

■ 제3권.
　謀攻篇(모공편) - 공격할 것을 꾀하는 편　31

■ 제4권.
　軍形篇(군형편) - 군대의 형태에 관한 편　42

■ 제5권.
　兵勢篇(병세편) - 전술적인 세력에 관한 편　49

■ 제6권.
　虛實篇(허실편) - 허점을 부리거나 내실을 다룬 편　58

■ 제7권.
　軍爭篇(군쟁편) - 군대가 싸우는 편　73

■ 제8권.
　九變篇(구변편) - 아홉 가지로 변화한다는 편　86

■ 제9권.
　行軍篇(행군편) - 군사를 행한다는 편　95

■ 제10권.
　地形篇(지형편) - 지세의 모양에 따라서 전술이 달라지는 편　110

■ 제11권.
　九地篇(구지편) - 그 지형을 아홉 가지로 분류하는 편　125

■ 제12권.
　火攻篇(화공편) - 불로 공격하는 편　154

■ 제13권.
　用間篇(용간편) - 간꾀를 쓰는 방편　161

■ 부록
　서시와 구천의 미인계 및 와신상담(臥薪嘗膽)에 관해서　175

10 원문 독해 『孫子兵法(손자병법)』

〈지금의 회계산의 모습으로, 월나라 구천이 오나라 부차에게 항복한 곳이다. 월나라 구천이 첩자들의 말만 믿고 오나라를 침공하였으나, 손자(손무)의 계략에 걸려 회계산으로 후퇴하였지만 결국 회계산에서 무릎을 꿇고 목숨만을 살려달라고 빌던 곳이다.〉

제1권 始計篇(시계편)
- 맨처음 계획을 세운다는 편 -

◀ 원문 ▶

孫子曰, 兵者는 國之大事이니 死生之地요 存亡之道라. 不可不察也니라.
손자왈 병자   국지대사   생사지지   존망지도   불가불찰야

故로 經之以五事하고 校之以七計하여 而索其情이니라.
고   경지이오사   교지이칠계   이색기정

一曰道요 二曰天요
일왈도   이왈천

三曰地요 四曰將이요 五曰法이니라.
삼왈지   사왈장   오왈법

◀ 한자 풀이 ▶

始 처음 시, **計** 계략 계, **篇** 책 편, **孫** 손자 손, **子** 선생님 자,
孫子(손자) - **孫武**(손무), **兵** 군사 병, **者** 놈 자, **國** 나라 국,
事 일 사, **死** 죽을 사, **生** 날 생, **地** 땅 지, **存** 있을 존,
道 길 도, **察** 살필 찰, **經** 다스릴 경, **校** 본받을 교, **計** 계책 계,
索 찾을 색, **情** 본성 정, **將** 장수 장, **法** 법 법.

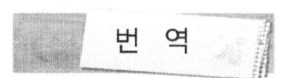

손자가 말하였다. 전쟁은 국가의 큰일이니 죽느냐 사느냐의 바탕이 되고 존망이 달려 있는 길이니 가히 자세히 살피지 않아서는 안 되느니라. 그러므로 다스리기를 다섯 가지 일로써 하고 견주기를 일곱 가지 계책으로 하여 그 실정을 찾아야 하느니라. 첫째는 도(道)

이고, 둘째는 천(天)이고, 셋째는 지(地)이고, 넷째는 장수[장(將)]이고, 다섯째는 군법[법(法)]이니라.

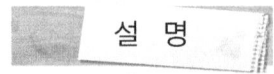

전쟁(戰爭)은 한 나라의 존망을 좌우할 수 있는 중대한 일이므로, 이해(利害)와 득실(得失)을 충분히 따져 시작하지 않으면 안 된다. 우선 나와 상대방의 우열을 분석하고, 이길 수 있는지 없는지를 판단할 일이다. 이때, 판단의 기준으로 삼을 것은 도(道)·천(天)·지(地)·장(將)·법(法) 등의 다섯 가지이다.

월왕전 들어가는 입구의 "월원" 곧 '월나라 공원'이라는 표지석이다

◀ 원문 ▶

道者는 令民與上同意者也라 故로 可與之死하고 可與之生하여
도자　 영민여상동의자야　　고　　가여지사　　　가여지생

而不畏危也니라.
이불외위야

天者는 陰陽寒暑時制也니라.
천자　 음양한서시제야

地者는 高下・遠近・險易・廣狹・死生也니라.
지자　 고하・원근・험이・광협・사생야

將者는 智・信・仁・勇・嚴也니라.
장자　 지・신・인・용・엄야

法者는 曲制・官道・主用也니라.
법자　 곡제・관도・주용야

凡此五者는 將莫不聞이라 知之者는 勝하고 不知者는 不勝이니라.
범차오자　 장막불문　　 지지자　 승　　 불지자　 불승

◀ 한자 풀이 ▶

道 덕행 도, 令 하여금 령, 民 백성 민, 與 더불어 여,
同 함께 동, 意 뜻 의, 者 놈 자, 也 어조사 야, 故 까닭 고,
可 가히 가, 之 갈지, 死 죽을 사, 生 날 생, 而 말 이를 이,
不 아닐 불, 畏 두려워할 외, 危 위태할 위, 天 하늘 천,
陰 응달 음, 陽 볕 양, 寒 찰 한, 暑 더울 서, 時 때 시,
制 만들 제, 地 땅 지, 高 높을 고, 下 아래 하, 遠 멀 원,
近 가까울 근, 險 험할 험, 易 쉬울 이, 廣 넓을 광, 狹 좁을 협,
將 장수 장, 智 슬기 지, 信 믿을 신, 仁 어질 인, 勇 날쌜 용,
嚴 엄할 엄, 法 법 법, 曲 굽을 곡, 官 벼슬 관, 主 주인 주,
用 쓸 용, 凡 무릇 범, 莫 없을 막, 聞 들을 문, 知 알지, 勝 이길 승.

번역

　도(道)라는 것은, 백성들로 하여금 윗사람들과 더불어서 뜻을 같이 하게 하느니라. 그러므로 가히 (윗사람과) 더불어서 죽을 수도 있고 살 수 있게 하여 어떠한 위험도 두려워하지 않게 해야 하느니라. 하늘이라는 것은 밝음과 어둠, 추위와 더위 등의 시간적 제약 조건이다. 땅이라는 것은 먼 곳과 가까운 곳, 험난한 지형과 평탄한 지형, 넓은 지형과 좁은 지형, 사지(死地)인가 생지(生地)인가이니라. 장수라는 것은 지혜·믿음(신뢰성)·인(仁)한가?·용맹스러움이 있는가?·엄정하고 엄격해야 되느니라. 법이라는 것은 곡(曲)[작은 고을, 군대 백 명 정도의 규모]에 대한 제도·관(官)에 관한 도·주관해서 배치하는 것이니라. 무릇 다섯 가지는 장수라면 듣지 않는 사람이 없는지라. 아는 자는 이기고, 알지 못하는 자는 이기지 못하느니라.

설명

　'도(道)'란, 백성으로 하여금 군주와 일심동체(一心同體)로 만들어, 동고동락(同苦同樂)하게 하여 위험을 두려워하지 않게 하는 것이다. '하늘'이란 낮과 밤, 추위와 더위, 맑음과 흐림, 계절 등의 시간적 조건과 자연 상태를 가리킨다. '땅'이란, 거리의 멀고 가까움, 지세의 험하고 평탄함, 지역의 넓고 좁음, 지형의 유리함과 불리함 등의 지리적 조건이다. '장수'란, 지모·신의·인자·용기·위엄 등 장수의 능력을 지녀야 한다. '법(法)'이란, 군의 편성, 책임 분담·군수물자의 관리 등, 군제에 관한 것이다. 이 다섯 가지의 기본 원칙은 장수라면 누구나가 알아야 하고, 이것을 참되게 이해하고 있는 자는 이기고 알지 못하는 자는 이기지 못한다.

제1권 始計篇(시계편) 15

◀ 원문 ▶

故로 校之以計하여 而索其情이니라. 曰 主孰有道아 將孰有能가 天地가
고   교지이계   이색기정   왈 주숙유도   장수유능   천지

孰得가 法令이 孰行가 兵衆이 孰强가 士卒이 孰練가 賞罰이 孰明이니
숙득   법령   숙행   병중   숙강   사졸   숙련   상벌   숙명

吾가 以此로 知勝負矣니라.
오   이차   지승부의니라.

將이 聽吾計하고 用之면 必勝하리니 留之니라. 將이 不聽吾計하고
장   청오계   용지   필승   유지   장   불청오계

用之면 必敗니 去之니라. 計利以聽이면 乃爲之勢하여 以佐其外니라.
용지   필패   거지   계리이청   내위지세   이좌기외

勢者는 因利而制權이니라
세자   인리이제권야

◀ 한자 풀이 ▶

故 까닭 고, 校 본받을 교, 計 계책 계, 索 찾을 색, 情 본성 성,
曰 이를 왈, 主 주인 주, 孰 누구 숙, 有 있을 유, 道 덕행 도,
將 장수 장, 能 능할 능, 得 얻을 득, 法 법 법, 令 명령 령,
行 행할 행, 兵 군사 병, 衆 무리 중, 强 굳셀 강, 士 선비 사,
卒 군사 졸, 練 익힐 련, 賞 상줄 상, 罰 형벌 벌, 明 밝을 명,
以 써 이, 此 이 차, 負 질 부, 矣 어조사 의, 聽 들을 청,
吾 나 오, 用 쓸 용, 必 반드시 필, 留 머무를 류, 敗 패할 패,
去 갈 거, 利 이로울 리, 乃 이에 내, 爲 할 위, 勢 기세 세,
佐 도울 좌, 其 그 기, 外 밖 외, 因 말미암을 인, 制 만들 제,
權 저울추 권.

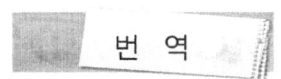

그러므로 견주기를 일곱 가지 계책으로 해가지고서 그 실정을

찾아야 하느니라. 이르기를, 군주는 어느 쪽이 도(道)가 있는가? 장수는 누가 더 유능한가? 천지는 어느 쪽 더 유리한가? 법령은 어느 쪽이 잘 행해지는가? 병기는 어느 쪽이 강한가? 사졸[장교와 병사]은 어느 쪽이 숙련되었는가? 상벌은 어느 쪽이 명백한가? 등이니, 내가 이것으로써 승부를 알 수 있다. 장수가 나의 계책(일곱 가지)을 들어서 쓰게 되면 반드시 이길 것이니 (내가) 머문다. 장수가 나의 계책을 들어서 쓰지 않으면 반드시 무너질 것이니 (나는) 떠나느니라. 이로움을 잘 헤아려서 따라주면 마침내 세력이 되어 그 밖의 것을 도울 수 있느니라. 세력이나 형세라는 것은 이로움을 말미암아서(바탕삼아서) 권변[융통성 있게 왔다 갔다 하는 것]을 제어할 수 있느니라.

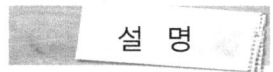

　일곱 가지 계책은 다음과 같다. 군주는 어느 쪽이 더 훌륭한 정치를 하고 있는가? 장수는 어느 쪽이 더 유능한가? 하늘의 시기와 땅의 이점은 어느 쪽에 더 유리한가? 법령은 어느 쪽이 더 철저하게 행해지는가? 군대는 어느 쪽이 더 강한가? 장교와 병사는 어느 쪽이 더 능숙하게 훈련되어 있는가? 상벌(賞罰)은 어느 쪽이 더 공정하게 행해지고 있는가? 이 일곱 가지 기본 조건을 대비 검토하는 것으로써, 승패를 예견할 수 있다. 장수가 나의 계책 일곱 가지를 들어 쓰게 되면 반드시 이기니, 나는 머무를 것이요, 장수가 나의 계책을 듣지 않고 쓰지 않으면 반드시 패할 것이니, 나는 떠난다. 계책이 유리하여 받아들이면 비로소 세력이 형성되므로, 나머지 일들을 도울 수 있다. 세력이나 일의 형세는 이로움을 바탕삼아서 왔다 갔다 하는 계책을 억눌러 다스릴 수 있다.

◀ 원문 ▶

兵者는 詭道也니라. 故로 能而示之不能하며 用而示之不用하며 近而示
병자   궤도야   고   능이 시지불능   용이시지불용   근이시

之遠하며 遠而示之近이니라. 利而誘之하고 亂而取之니라.
지원   원이시지근   이이유지   난이취지

實而備之하며 强而避之니라.
실이비지   노이요지

怒而撓之하며 卑而驕之니라. 佚而勞之하며 親而離之라.
비이교지   일이로지   친이리지   공기무비

攻其無備하고 出其不意니라. 此는 兵家之勝이니 不可先傳也니라.
강이피지   출기불의   차   병가지승   불가선전야

夫未戰而廟算勝者는 得算多也요, 未戰而廟算不勝者는 得算少也라.
부미전이묘산승자   득산다야   미전이묘산불승자   득산소야

多算이면 勝하며 少算이면 不勝하고 而況於無算乎아 吾가 以此觀之면
다산   승   소산   불승   이황어무산호   오   이차관지

勝負가 見矣니라.
승부   견의

◀ 한자 풀이 ▶

詭 속일 궤, **道** 이치 도, **示** 보일 시, **誘** 꾈 유, **亂** 어지러울 란,
取 취할 취, **實** 열매 실, **備** 갖출 비, **强** 굳셀 강, **避** 피할 피,
怒 성낼 노, **撓** 어지러울 요, **卑** 낮을 비, **驕** 교만할 교,
佚 편안할 일, **勞** 일할 로, **親** 친할 친, **離** 떼놓을 리, **攻** 칠 공,
出 날 출, **意** 뜻 의, **先** 먼저 선, **傳** 전할 전, **夫** 무릇 부,
未 아닐 미, **戰** 싸울 전, **廟** 사당 묘, **算** 셀 산, **得** 얻을 득,
多 많을 다, **少** 적을 소, **況** 하물며 황, **於** 어조사 어,
無 없을 무, **乎** 어조사 호, **觀** 볼 관, **見** 볼 견.

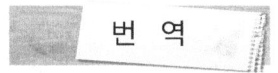

　전쟁이라는 것은 속임수의 도(道)이다. 그러므로 능하면서도 능하지 못한 것처럼 보여주고 전술을 쓰면서도 쓰지 않는 것처럼 보이며 가까우면서도 먼 것처럼 보여주며 멀면서도 가까운 것처럼 보여주느니라. 이롭게 유인하고 어지럽게 만들어서 취하느니라. 내실을 갖추어서 (저쪽이) 강한 것처럼 여겨줘서 일부러 피하느니라. 성나게 해서 흔들며 (이쪽이) 낮춰줘서 교만하게 만드느니라. 무사 안일한 태도를 취해서 (저쪽을) 수고롭게 만들어 주며 친하게 여기게 해가지고 이간시키느니라. 그 갖추어지지 못한 것을 공격하고 생각지도 못한 것을 내느니라. 이는 전쟁하는 사람의 승리하는 계책이니 그렇다고 해서 앞세워 전할 것은 없느니라.(미리 계책을 일러 주거나 뽐내지 않느니라)

　무릇 아직 싸우기도 전에 묘당에서 이긴다고 헤아리는 것은 득이 헤아림이 많기 때문이며 아직 싸우기도 전에 묘당에서 이기지 못한다고 헤아리는 것은 득이 되는 헤아림이 적기 때문이니라. 득이 되는 헤아림이 많으면 이길 것이며 득이 되는 헤아림이 적으면 이기지 못할 것이니 하물며 아무 헤아릴 것이 없었겠는가? 내가 이런 것으로써 잘 살펴보며 이길 것인지 질 것인지 잘 나타나느니라.

　전쟁이란 속임수다. 그러므로 잘하면서도 무능한 듯이 보이게 하고, 가까움을 먼 듯이 보이게 하고, 먼 것을 가까운 듯이 보이게 한다. 이로운 듯이 보이게 하여 유인하고, 혼란시켜 놓고 빼앗고, 견실하면 방비하고, 강인하면 피하고, 화나게 만들어 뒤흔들고, 자기를 비하시켜 저자세로 보여 적으로 하여금 교만하게 하고, 적이 편안하

면 피곤하게 하고, 화친하면 이간시키고, 그 방비가 없는 곳을 공격하고, 생각하지 못한 계책을 낸다. 이것이 전쟁에 능한 자의 이기는 방법이며, 미리 알려서 뽐내서는 안 되는 것이다.

싸우기 전에 조정에서 이긴다고 생각하는 것은 이길 확률이 높기 때문이며, 싸우기 전에 조정에서 진다고 생각하는 것은 이길 확률이 낮기 때문이다. 확률이 높으면 이기고, 확률이 낮으면 진다. 따라서 확률이 낮은 것에 행동할 이유가 있겠는가? 내가 이와 같은 견해로써 관찰할진대, 승부는 저절로 드러난다

절강성 소흥에 위치한 월왕전 입구의 월왕대의 모습이다.

제1권 <종합>

◀ 무슨 일인지 하기 전에 확률을 따져라. ▶

　어떤 사업을 시도할 때 조건을 대비, 검토하여 승산이 있으면 실행할 것이요, 승산이 없다고 생각되면 그 일을 피해야 한다. 성공할 확률이 낮은 일을 시작하는 것은 어리석기 때문이다. 일단 사업에 임하면 반드시 성공해야 한다. 성공하기 위해서는 사업의 본질을 파악해야 한다. 사업 본질의 파악은 손자(孫子)가 제시한 다섯 가지 일과 일곱 가지 계책을 적용해 보면 될 것이다.

　전쟁은 시종 속임수이다. 어떻게 상대의 허를 찌를 것인가? 이것이 승패의 갈림길이다. 전쟁은 나라의 중대한 일이다. 국민의 생사와 국가의 존망이 걸려 있다. 그러므로 신중하게 검토하지 않으면 안 된다. 곧 전쟁을 선호하는 장군이니 위정자는 큰 인물이 없다. 예부터 명군이요 명장이라는 사람들은 모두가 군사행동을 신중히 하였다. 손자(孫子)는 싸워서 이기는 것은 하책이요, 싸우지 않고 이기는 것은 상책이라고 하였다. 다섯 가지 사항으로써 전력을 헤아리고, 일곱 가지 계교로써 검토하여 그 상황을 알아야 한다.

제2권 作戰篇(작전편)
- 전략 · 전술을(작전하는) 것을 기록한 편 -

◀ 원문 ▶

孫子曰, 凡用兵之法은 馳車千駟와 革車千乘과 帶甲十萬으로 千里에 饋
손자왈, 범용병지법   치거천사   혁거천승   대갑십만   천리   궤

糧이면 則內外之費와 賓客之用과 膠漆之材와 車甲之奉과
량   즉내외지비   빈객지용   교칠지재   거갑지봉

日費千金하리니 然後에 十萬之師가 擧矣니라.
일비천금   연후   십만지사   거의

其用戰也는 貴勝하니 久則鈍兵挫銳라.
기용전야   귀승   구즉둔병좌예

攻城엔 則力이 屈하고 久暴師엔 則國用이 不足하니라. 夫鈍兵挫銳
공성   즉력   굴   구포사   즉국용   부족   부둔병좌예

하고 屈力殫貨면 則諸侯乘其弊而起하리니 雖有智者나 不能善其後矣니라.
     굴력탄화   즉제후승기페이기   수유지자   불능선기후의

◀ 한자 풀이 ▶

作 지을 작, 戰 전쟁 전, 凡 무릇 범, 法 법 법, 馳 달릴 치,
車 수레 거, 千 일천 천, 駟 사마 사, 革 가죽 혁, 乘 탈 승,
帶 띠 대, 甲 갑옷 갑, 萬 일만 만, 里 거리 리, 饋 먹일 궤,
糧 양식 량, 則 곧 즉, 內 안 내, 外 밖 외, 費 쓸 비, 賓 손 빈,
客 손객, 膠 아교 교, 漆 옷 칠, 材 재목 재, 奉 받들 봉,
日 날 일, 金 쇠 금, 然 그러할 연, 後 뒤 후, 師 군사 사,
擧 들 거, 矣 어조사 의, 戰 싸울 전, 貴 귀할 귀, 久 오랠 구,
鈍 무딜 둔, 兵 병기 병, 挫 꺾을 좌, 銳 날카로울 예, 攻 칠 공,

城 성 성, 力 힘 력, 屈 굽을 굴, 暴 드러날 포, 師 군사 사,
國 나라 국, 足 족할 족, 夫 무릇 부, 殫 다할 탄, 貨 재화 화,
諸 모두 제, 侯 제후 후, 乘 탈 승, 弊 해질 폐, 起 일어날 기,
雖 비록 수, 有 있을 유, 智 슬기 지, 善 잘할 선, 後 뒤 후.

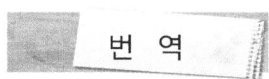

손자가 말하였다. 무릇 전술을 쓰는 법은 말이 끄는 수레 1,000대와 장갑차 1,000대와 사졸 10만으로 천리에 양식을 보내서 먹이게 되면 안팎의 비용과 빈객에게 쓰이는 씀씀이와 아교와 옻칠의 재료와 수레 갑옷의 씀씀이가 매일매일 천금이 쓰일 것이니, 그런 뒤에 10만의 많은 군사가 잘 시행되고 거행되느니라.[많은 군사를 부릴 수 있느니라.] 그 전술을 쓰는데 있어서는 이기는 것을 귀하게 여기니, 오래되면 장칼을 무디게 하여 날카로움을 꺾이게 하느니라. 성을 공략하는 데에는 힘이 굽이고[소모되고] 오래도록 많은 군사를 노출시키면 국가의 예산[씀씀이가]이 부족해지느니라. 무릇 창칼을 부리게 해서 날카로움을 겪게 되고 힘을 굽히게 하고 물자를 다 쓰게 되면 여러 제후가 그 피폐함을 타고서 일어날 것이니 비록 지혜로운 사람이 있으나 능히 그 뒷 시간을 잘 처리할 수 없느니라.

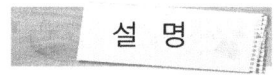

손자가 말하였다. 무릇 군대를 부리는 법은, 전차 1천대, 수송차 1천대, 병사 10만에, 천 리나 되는 곳으로 식량을 보내야 하며, 안팎의 경비, 외교사절단의 접대, 군수 물자의 조달, 차량과 병기의 보충 등 날마다 천금(千金)의 비용이 든다. 그런 연후에야 10만의 군대를 부릴 수 있다. 전쟁에는 막대한 비용이 든다. 전쟁은 국가의 존망이 걸려 있다. 지면 말할 것도 없으려니와, 설사 이긴다 하더라

도 변변치 못하게 이기면, 국력을 소모하고, 나라의 멸망도 면하기 어렵다.

    전쟁에 있어서 승리를 거둔다 하더라도 오래 끌게 되면 병사들은 무디어지고 날카로움이 꺾여서 성을 공격한다 하더라도 전력은 바닥이 나고, 오랫동안 군사를 전쟁터에 머물게 하면 국가의 재정은 위기에 빠진다. 무릇 병사들이 무디어지고 날카로움이 꺾여, 전력은 바닥이 나고 재정이 위기에 빠지면, 이런 틈을 타서 다른 여러 나라의 제후들이 침공할 것이니, 이렇게 되면 아무리 지혜로운 자가 있다 하더라도 사태를 수습할 길이 없다.

월왕전 내부의 모습이다

◀ 원문 ▶

故로 兵(은) 聞拙速이요 未睹巧之久也니라. 夫兵久而國利者가 未之有
고 병   문졸속   미도교지구야   부병구이국리자   미지유

也이니, 故로 不盡知用兵之害者는 則不能盡知用兵之利也이라.
야   고   부진지용병지해자   즉불능진지용병지리야

善用兵 者는 役을 不再고 籍하고 糧을 不三載니라.
선용병 자   역   부재   적   양   불삼재

取用於國이나 因糧於敵하나니 故로 軍食이 可足也니라.
취용어국   인량어적   고   군식   가족야

◀ 한자 풀이 ▶

聞 들을 문, **拙** 서툴 졸, **速** 빠를 속, **未** 아닐 미, **睹** 볼 도,
巧 공교할 교, **久** 오랠 구, **夫** 무릇 부, **兵** 전쟁 병, **盡** 다될 진,
害 해칠 해, **善** 잘할 선, **役** 부릴 역, **再** 거듭 재, **籍** 서적 적,
糧 양식 량, **載** 실을 재, **取** 취할 취, **用** 쓸 용, **因** 인할 인,
敵 원수 적, **食** 밥 식, **足** 족할 족.

번 역

　　그러므로 전쟁을 한다는 것은 졸렬한 방법으로 속히 해야 한다는 말은 들어 봤어도 교묘한 방법으로 오래 끌어서 좋다는 것을 듣지도 보지도 못했느니라. 무릇 전쟁이 오래 지속되는 데에는 나라가 이로워지는 경우가 아직 있지 않았으니, 그러므로 용병의 해로움을 다 알지 못하는 자는 능히 용병의 이로움을 다 알지 못하느니라. 용병술을 잘하는 자는 병역을 이중으로 거듭 기록되게 하여서는 안 되고 식량을 셋 번 싣게 하지 않느니라. 자기 나라에서 예산 씀씀이를 취해야 하지만 양식은 적국에서 말미암아야 하나니, 그러므로 군대의 식량이 가히 족히 여길만 하니라.(부족하지 않느니라.)

설 명

그러므로 전쟁을 함에 있어서는, 서툴더라도 재빨리 끝내야 한다는 말은 들었어도, 썩 잘하더라도 오래 끌어 성공한 예는 아직 보지 못하였다. 모름지기 장기전이 국가에 이익을 가져온 일은 아직 없다. 그러므로 전쟁에 따른 손해를 충분히 알지 못하는 자는 전쟁에 의한 이익도 다 알 수가 없다. 전쟁을 잘하는 자는 백성을 두 번씩 징집하지 않고, 양곡과 말먹이를 세 번씩 운반하지 않는다. 경비와 장비는 자기 나라에서 마련하지만, 양식은 적지에서 조달한다. 그러므로 군량이 부족하지 않다.

월왕전의 모습이다.

26 원문 독해 『孫子兵法(손자병법)』

◀ 원문 ▶

國之貧於師者는 遠輸也이니 遠輸면 則百姓이 貧니라. 近於師者는 貴賣
국지빈어사자   원수야   원수 즉백성   빈   근어사자   귀매

니 貴賣면 則百姓이 財竭이라. 財竭則急於丘役하니 力屈財殫하여 中原
귀매   즉백성   재갈   재갈즉급어구역   역굴재탄   중원

이 內虛於家에 百姓之費가 十去其七하고 公家之費가 破車疲馬하고 甲
내허어가   백성지비 십거기칠   공가지비 파거피마   갑

冑矢弩와 戟楯蔽櫓와 丘牛大車가 十에 去其六하니라.
주시노   극순폐노   구우대거   십   거기육

◀ 한자 풀이 ▶

國 나라 국, **貧** 가난할 빈, **師** 군사 사, **遠** 멀 원, **輸** 나를 수,
百 일백 백, **姓** 겨레 성, **近** 가까울 근, **貴** 귀할 귀, **賣** 팔 매,
財 재물 재, **竭** 다할 갈, **急** 급할 급, **丘** 언덕 구, **殫** 다할 탄,
中 가운데 중, **原** 근원 원, **內** 안 내, **虛** 빌 허, **家** 집 가,
費 쓸 비, **去** 갈 거, **破** 깨뜨릴 파, **疲** 지칠 피, **馬** 말 마,
甲 갑옷 갑, **冑** 투구 주, **矢** 화살 시, **弩** 쇠뇌 노, **戟** 창 극,
楯 난간 순, **蔽** 덮을 폐, **櫓** 방패 로, **牛** 소 우.

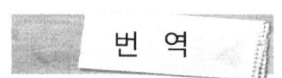

번 역

　　나라의 많은 군사 때문에 가난해지는 것은 멀리 수송하기 때문이니, 멀리 수송하게 되면 백성들이 가난해지느니라. 많은 군사와 가까운 것은 파는 것을 귀하게 여기니, 파는 것을 귀하게 여기게 되면 백성이 재물이 다하게 되는지라. 재물이 다하고 없어지면 많은 집[丘:144개의 집]에서 노역을 급하게 여기게 되니 힘이 굽혀지고 재물이 다 없어져서 중원 땅이 내적으로 백성의 집이 텅텅 비게 되매 백성들에게 주어지는 비용이 열에 그 일곱은 없애게 되고 국가

의 비용[공적인 비용]은 수레를 다 부수게 만들고 말을 피곤하게 만들고 갑옷과 투구, 화살과 쇠뇌, 창과 방패, 해진 방패와 큰 소와 큰 수레가 열에 그 여섯은 없애게 만드느니라.(열 중에 여섯은 없애게 만든다.)

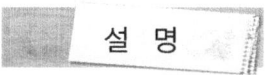

　　나라가 많은 군대와 전쟁에 의하여 가난해짐은, 멀리 수송하기 때문이다. 멀리 수송하려면 곧 백성이 가난해진다. 많은 군대가 있는 전쟁터 근방은 물가가 오르는데, 물가가 오르면 백성의 재물이 고갈된다. 재물이 고갈되면, 각 마을에서의 징발이 다급해진다. 전력이 약해지고 재산마저 고갈되면 집안은 텅 비게 되고, 백성이 부담한 비용은 10중 7할을 없어진다. 국가의 재산은, 수레는 부서지고 말은 피로하며, 갑옷과 투구와 활과 화살, 큰 창과 방패와 작은 창과 큰 방패와, 보급 수송을 위한 큰 수레와 이를 끄는 소는 열중에 육은 잃는다.

◀ 원문 ▶

故로 智將은 務食于敵이라하나니, 食敵一鐘은 當吾二十鐘이요, 其稈一
고   지장   무식우적   식적일종   당오이십종   기간일

石은 當吾二十石이니라.
석   당오이십석

故로 殺敵者怒也요, 取敵之利者貨也이니라. 故로 車戰에 得車十乘已上
고   살적자노야   취적지리자화야   고   거전   득거십승이상

이면 賞其先得者하고 而更其旌旗하고 車雜而乘之하며 卒善而養之니
     상기선득자   이경기정기   거잡이승지   졸선이양지

是謂勝敵而益强이니라.
시위승적이익강

故로 兵貴勝이요, 不貴久하나니 故로 知兵之將은 民之司命이요, 國家
고   병귀승   불귀구   고   지병지장   민지사명   국가

安危之主也니라.
안위지주야

◀ 한자 풀이 ▶

務 힘쓸 무, **鐘** 종 종, **當** 마땅히 당, **其** 콩깍지 기, **稈** 짚 간,
石 섬 석, **殺** 죽일 살, **已** 그칠 이, **賞** 상줄 상, **更** 고칠 경,
旌 기 정, **旗** 깃발 기, **車** 수레 거, **雜** 섞일 잡, **乘** 탈 승,
卒 군사 졸, **善** 잘할 선, **養** 기를 양, **是** 이 시, **謂** 이를 위,
益 더할 익, **强** 굳셀 강, **兵** 전쟁 병, **司** 맡을 사, **命** 목숨 명,
危 위태할 위.

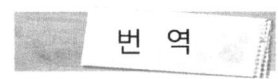

그러므로 지혜로운 장수는 적으로부터 먹는 것을 힘쓰나니, 적으로부터 빼앗아 먹는 6섬 4말은 우리 쪽의 20종에 해당되고(효과가 나고) 말먹이 콩깍지와 볏짚 일석은 우리의 20석이 된다. 그러므로

적을 죽이는 것은 노여워하기 함이요, 적의 이로움을 취하는 것은 물자이니라. 그러므로 수레 싸움에 수레 열대 이상을 얻게 되면 그 먼저 취해오는 자를 상주고, 화려한 깃발을 바꾸고(적의 깃발을 우리 깃발로 바꾸는 것) 수레를 뒤섞어 태우게 하며(타게 하며) 병졸들을 잘 해줘서 길려야 하니, 이런 것을 일러 적을 이겨서 더욱 강해지게 하느니라. 그러므로 전쟁이라는 것은 승리하는 것을 귀하게 여기고 오래 끄는 것을 귀하게 여기지 않나니, 그러므로 전쟁을 아는 장수는 백성들의 운명을 맡은 사람이요, 크고 작은 나라의 안위의 주인이니라.

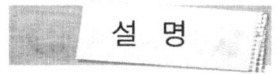

그러므로 지혜로운 장수는 군량을 적지에서 조달한다, 적의 식량 1종을 먹는 것은 본국의 식량의 20종에 해당하고, 적의 말먹이 1섬은 아군의 20섬에 해당한다. 적을 죽이려는 사람은 부하들로 하여금 적개심을 갖게 하고, 적에게 이로움을 취하는 자는 재물로써 하느니라. 그러므로 수레 싸움에서 이겨 적의 수레 10대 이상을 얻으면 우선 얻은 자에게 상을 주고, 그리고 그 수레에 기를 바꾸어 달아, 적군의 수레를 아군의 수레로 만들고, 적군의 병사와 아군을 함께 있게 하면서 잘 대우하여 아군으로 양성한다. 이것을 일컬어, 적에게 이김으로써 보다 강한 군대가 된다는 것이다. 그러므로 전쟁은 승리하는 것이 귀중한 것이지 지구전이 귀한 것은 아니다. 따라서 전쟁을 잘 아는 장수는 백성의 운명을 맡은 자요. 크고 작은 나라의 안위를 결정하는 책임자이다.

제2권 <종합>

◀ 전쟁은 속전속결이어야 한다. ▶

전쟁은 막대한 비용이 든다. 그러므로 비록 승리를 눈앞에 두고 있다 하더라도 장기전이 되면 군은 피폐하고 사기는 떨어진다. 성을 공격해 보았자 병력이 바닥이 날 뿐이다. 장기간에 걸쳐 군을 싸움터에 머물게 하면 국가의 재정은 파탄이 난다. 그리고 이런 틈을 타서 크고 작은 나라의 제후들이 침략해 오기도 한다.

전쟁의 목적은 국가 이익의 추구에 있지만, 그 반면에 이로 인한 손실도 크다. 특히 장기전이 되면 손해가 확대되고 이익은 별로 없다. 그러므로 만약 불가피하게 전쟁을 행한다면, 속전속결의 단기전이어야 한다. 이런 일을 명심하고 있는 지도자에게 국민의 생사, 국가의 안위를 맡길 수가 있는 것이다.

사업도 전쟁에 비유하자면, 돈을 벌기 위해 하는 것이다. 초기 투자를 잘해서 단기간에 이윤을 극대화하여야 한다. 만약 단기간에 이윤을 극대화하지 못하면 자금이 바닥나서 그 사업은 실패하게 되는 것이다. 이런 실패를 막기 위해서는 준비부터 철저히 한 후, 고객의 마음을 사로잡는 마케팅을 실행되어야 한다. 그렇지 않으면 크고 작은 동종업계의 반격이 예상되기 때문이다.

제3권 謀攻篇(모공편)
- 공격할 것을 꾀하는 편 -

◀ 원문 ▶

孫子曰, 凡用兵之法은 全國爲上이요, 破國이 次之며, 全軍이 爲上이요,
손자왈, 범용병지법   전국위상   파국 차지   전군 위상

破軍이 次之며, 全旅가 爲上이요, 破旅가 次之며 全卒이 爲上이며, 破
파군 차지   전여 위상   파여 차지 전졸 위상   파

卒이 次之며, 全伍가 爲上이요, 破伍가 次之니라. 是故로 百戰百勝은
졸   차지   전오 위상   파오 차지   시고   백전백승

非善之善也이니 不戰而屈人之兵이 善之善者也니라.
비선지선야   불전이굴인지병   선지선자야

◀ 한자 풀이 ▶

謀 꾀할 모, **攻** 칠 공, **全** 온전할 전, **破** 깨뜨릴 파, **次** 다음 차,
旅 군사 여, **伍** 대오 오, **善** 잘할 선, **屈** 굽을 굴.

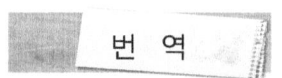

손자가 말하였다. 무릇 전술을 쓰는 방법은 적국의 나라를 온전하게 해주는 것이 최상이 되고(백성들을 안 죽이게 되니까?) 나라를 깨뜨리는 것은 다음가며, 많은 군사를 온전히 하는 것이 상질이 되고 많은 군사를 깨뜨리는 것이 다음 가며, 여단 병력(500명)을 온전히 하는 것이 상질이며 여단 병력을 깨뜨리는 것이 다음 가며, 100명의 군사를 온전히 해주며 상질이 되고 100명의 군사를 깨뜨리며

다음 가며, 5명(분대병력)의 군사를 온전히 해주며 상질이 되고 5명의 군사를 깨뜨리며 다음 가느니라. 이런 까닭에 백번 싸워 백 번 이기는 것은 잘하는 것 중의 잘하는 것은 아니니 싸우지 않고서도 남의 군사를 굴복시킨 것이 잘하는 것 중에서도 잘하는 것이니라.

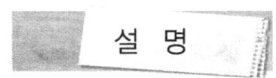

　무릇 전쟁을 하는 방법은 적국의 백성을 온전한 채로 두는 것이 상책이며, 적국을 파괴하는 것은 차선책이다. 적의 여단 병력인 500명을 온전히 두는 것이 상책이며, 적의 여단 병력을 깨뜨리는 것은 차선책이다. 적은 군대를 온전한 채로 두는 것이 상책이며, 적의 군대를 파괴하는 것은 차선책이다. 적의 100명 정도의 분대병력을 온전히 두는 것이 상책이며, 적의 100명의 군사를 파괴하는 것은 차선책이다. 적의 5명 정도의 분대병력을 온전히 두는 것이 상책이며, 적의 분대병력을 파괴하는 것은 차선책이다. 그러므로 백 번을 싸워서 백 번을 다 이기는 것이 최선의 방법이 아니요, 싸우지 않고 적군을 굴복시키는 것이 최선책이다.

◀ 원문 ▶

故로 上兵은 伐謀요, 其次는 伐交요, 其次는 伐兵이요,
고   상병   벌모   기차   벌교   기차   벌병

其下는 攻城이니라.
기하   공성

攻城之法은 爲不得已이니, 修櫓轒轀하고 具器械가 三月而後成하나니
공성지법   위부득이   수노분온   구기계   삼월이후성

距闉又三月而後已하니라. 將不勝其忿而蟻附之하야 殺士三分之一하고도
거인우삼월이후이   장불승기분이의부지   살사삼분지일

而城不拔者는 此는 攻之災也니라.
이성불발자   차   공지재야

◀ 한자 풀이 ▶

故 까닭 고, **伐** 칠 벌, **修** 닦을 수, **櫓** 방패 로, **轒** 수레 분,
轀 와거 온, **具** 갖출 구, **器** 그릇 기, **械** 형틀 계, **距** 떨어질 거,
闉 성곽문 인, **忿** 성낼 분, **蟻** 개미 의, **附** 붙을 부, **殺** 죽일 살,
拔 뺄 발, **災** 재앙 재.

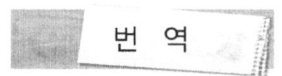

번 역

그러므로 상질가는 (최고의) 전술은 적군의 모략을 치는 것이요, 그 다음은 적군의 교린 관계를 정벌하는 것이요, 그 다음은 군사를 정벌하는 것이요, 그 하질은 성을 공격하는 것이니라. 성을 공격하는 전술법은 마지 못하기 때문이니(어쩔 수 없기 때문) 성을 쳐부수는 수레와 큰 방패를 수리하고 기계를 갖추는 것이 석 달이 지난 뒤에야 이루어지나니, 성안의 중문에 이르러 가는 것이 또 석 달이 지난 후에 그만두느니라.(최하질로, 성을 공략하기가 어렵다) 장수가 그 분노를 이기지 못해서 개미떼처럼 달라붙어서(달라붙으면) 자기

네 장교와 졸병을 삼분의 일을 죽게 하고서도 성이 함락되지 않는 것은 바로 이것이 공격의 재앙이니라.

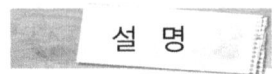

　　최고의 병법은, 사전에 적의 의도를 간파하고 이를 쳐부수는 일이다. 그 다음의 방법은, 적의 동맹 관계를 고립시켜 정복하는 일이며, 그 다음의 방법은 군사를 정벌하는 것이다. 그리고 최하위의 방법은 성을 공격하는 일이니, 성을 공격하는 것은 다른 방법이 없을 때 한다. 성을 공격하려면, 망루와 수레를 보수하고 큰 방패나 장갑차 같은 병기를 준비하기에 3개월은 걸린다. 토루를 만드는 데도 다시 3개월이 필요하다. 그 위에, 혈기에 넘치는 장군이, 그 분함을 이기지 못해 병사를 개미떼처럼 성벽에 기어오르게 함으로써 성을 공격하여 병력의 3분의 1을 죽이고도 성을 함락시킬 수가 없다면, 이는 성을 공격하는 수단에 따른 재앙이니. 따라서 최하위의 방법으로는 성을 공략하기 어렵다는 의미이다.

◀ 원문 ▶

故로 善用兵者는 屈人之兵이나 而非戰也요, 拔人之城이나 而非攻也요,
고   선용병자   굴인지병   이비전야   발인지성   이비공야

毀人之國이나 而非久也이니 必以全으로 爭于天下라.
훼인지국   이비구야   필이전   쟁우천하

故로 兵不鈍而利可全이니 此가 謀攻之法也니라.
고   병불둔이리가전   차   모공지법야

◀ 한자 풀이 ▶

毀 헐 훼, 爭 다툴 쟁, 鈍 무딜 둔, 利 이로울 리.

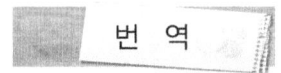

그러므로 전술을 잘 쓰는 경우는 남의 군사를 굴복시키기는 하지만 전쟁하는 것은 아니고, 남의 성을 함락시키는 것이지만 공격하지 않는 것이고 남의 나라를 헐고 무너뜨리는 것이지만 장기전을 벌려서 오래 끄는 것이 아니니, 반드시 온전히 함으로써 천하는 타투는 것이니라. 그러므로 군사가 무디어지지 않고 이로운 이익이 가히 온전해질 수 있는 것이니(예리함이 온전해질 수 있는 것), 바로 이것이 공격을 꾀하는 방법이다.

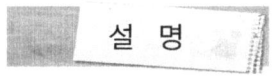

전술을 잘 쓰는 자는 적을 굴복시키되 전투로써 굴복시키지 않고, 적의 성을 함락시키되 공격으로써 함락시키지 않으며, 적국을 허물어뜨리되 지구전으로써 하지 않는다. 반드시 자기편은 온전한 채로 천하를 두고 싸우는 것이다. 그러므로 병력을 손상시키지 않고 온전한 승리를 거둘 수가 있다. 이것이 전술에 의한 공격법이다.

◀ 원문 ▶

故로 用兵之法은 十則圍之하고 五則攻之하고 倍則分之니라.
고   용병지법   십즉위지   오즉공지   배즉분지

敵則能戰之하며 少則能逃之하고 不若則能避之하니 故로
적즉능전지   소즉능도지   불야즉능피지   고

小敵之堅에 大敵之擒也니라.
소적지견   대적지금야

◀ 한자 풀이 ▶

圍 둘레 위, **倍** 갑절 배, **分** 나눌 분, **敵** 원수 적, **逃** 달아날 도, **避** 피할 피, **堅** 굳을 견, **擒** 사로잡을 금.

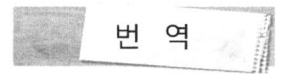

그러므로 전술을 사용하는 법은 아군이 10배면 에워싸고(에워싸는 것이 좋고) 아군이 5배면(에워싸지 못하니까) 공격을 하며 아군이 갑절이 되면 적을 분산시키는 것이니라. (아군이) 대적할 만하면 능히 싸울 수 있고, 아군이 적으면 능히 달아날 줄 알아야 하고 이쪽이 저쪽만 같지 못하면 능히 피하는 것이다. 그러므로 적은 적인데도 견고할 경우에는 큰 적에게는 사로잡히게 된다.

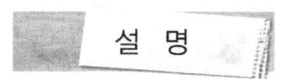

전쟁하는 방법은 적군보다 10배가 많은 병력이면 적을 포위하고, 5배의 병력이면 공격하고, 2배의 병력이면 적을 분산시킨 후 차례로 공격하고, 맞먹는 병력이면 최선을 다하여 싸우고, 적보다 적은 병력이면 도망치고, 승산이 없으면 피한다. 그러므로 소수의 병력으로 무리하게 싸우면, 강대한 적의 포로가 된다.

◀ 원문 ▶

夫將者는 國之輔也라 輔周則國必强하고 輔隙則國必弱하나니 故로 君之
부장자 국지보야 보주즉국필강   보극즉국필약   고   군지

所以患於軍者가 三이니 不知軍之不可以進하고 而謂之進하며 不知軍之不
소이환어군자   삼   부지군지불가이진   이위지진   부지군지불

可以退하고 而謂之退하나니 是謂麋軍이니라.
가이퇴   이위지퇴   시위미군

不知三軍之事하고 而同三軍之政者면 則軍士惑矣요 不知三軍之權하고
부지삼군지사   이동삼군지정자   즉군사혹의   부지삼군지권

而同三軍之任이면 則軍士疑矣니 三軍이 旣惑且疑면 則諸侯之難이
이동삼군지임   즉군사의의   삼군   기혹차의   즉제후지난

至矣니 是謂亂軍引勝이니라.
지의   시위난군인승

◀ 한자 풀이 ▶

夫 무릇 부, 輔 보울 보, 周 두루 주, 隙 틈 극, 弱 약할 약,
患 근심 환, 軍 군사 군, 進 나아갈 진, 退 물러날 퇴,
謂 이를 위, 麋 고삐 미, 政 정사 정, 惑 미혹할 혹, 權 권세 권,
任 맡길 임, 疑 의심할 의, 旣 이미 기, 難 어려울 난, 至 이를지,
亂 어지려울 난, 引 끌 인.

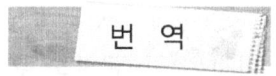

무릇 장수라는 것은 나라를 보필하는 자인지라. 보필함이 주도면 밀하면 나라는 반드시 강하게 되고 보필자가 틈이 생기게 되면 나라가 반드시 약해진다. 그러므로 임금으로서 근심거리가 되는 바가 3가지이니, 군대가 가히 나아갈 수 없다는 것을 알지 못하고서 이르기를 나아가라고 하며 군대가 가히 후퇴할 수 없다는 것을 알지 못

하고서 이르기를 후퇴하라고 하나니 이런 것을 일러서 군사를 얽어 매느니라. 많은 군사의 일을 알지 못하고서 3군에 대한 정사를 동일 시하는 경우면 군사가(군대의 장교들) 의혹되게 하고 삼군의 권한을 알지 못하고서 3군의 소임을 동일시하면 군사가 (군의 장교들이) 의 심하게 되니 많은 군사가 이미 의혹되게 하고 또한 의심하게 되면 제후의 환난이 이르러 오게 되니 이런 것을 일러 자기 군사를 혼란 시켜 승리를 물러나게 하느니라.

설 명

무릇 장수란 군주의 보좌역이다. 보좌역과 군주의 관계가 친밀하면 나라는 반드시 강대해지고, 반대로 양자의 관계에 틈이 생기면 나라는 반드시 약해진다.

임금 때문에 군이 위태롭게 되는 원인에는 셋 가지가 있다. 군이 진격하여서는 안 될 때를 모르고 진격 명령을 내리고, 군이 후퇴하여서는 안 될 때 이를 모르고 퇴각 명령을 내리는 일이니, 이는 곧 군사행동을 속박하는 일이다. 3군의 일을 알지 못하면서 3군의 행정에 간섭하면 병사들은 갈피를 잡지 못하고 당황한다. 군의 권모술수를 모르면서 군의 지휘에 간섭하여 실제에 맞지 않는 병력을 내림으로써, 현지에 나가 있는 병사들의 불신감을 자아내게 한다. 군을 당황하게 하고 불신감을 자아내게 하면, 다른 제후들이 공격해 오는 환난을 맞이하게 된다. 이것은 곧 군사를 혼란에 빠뜨리고 승리를 적에게 내어주는 일이다.

제3권 謀攻篇(모공편) 39

◀ 원문 ▶

故로 知勝有五하니 知可以與戰과 不可以戰者는 勝하고 識衆寡之用者
고   지승유오   지가이여전   불가이전자   승   식중과지용자

는 勝하고 上下가 同欲者는 勝하고
  승   상하 동욕자   승

以虞待不虞者는 勝하고 將能而君不御者는 勝이니라
이우대불우자   승   장능이군불어자   승

此五者는 知勝之道也라 故로 曰, 知己知彼면 百戰不殆하고
차오자   지승지도야   고   왈 지기지피   백전불태

不知彼而知己면 一勝一負하고 不知彼不知己면 每戰必殆니라.
부지피이지기   일승일부   부지피부지기   매전필태

◀ 한자 풀이 ▶

故 까닭 고, **識** 알 식, **衆** 무리 중, **寡** 적을 과, **欲** 하고자 할 욕,
虞 헤아릴 우, **御** 다스릴 어, **知** 알 지, **己** 자기 기, **彼** 저 피,
戰 싸울 전, **殆** 위태할 태, **負** 질 부, **每** 매양 매.

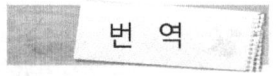

그러므로 승리를 아는 방법이 5가지가 있으니 가히 더불어 싸울 수 있다는 것과 싸우지 말아야 할 때를 알면 이기고, 많고 적은 것을 쓰는 방법을 아는 자는 이기고, 상하가 바라는 바가 같으며 이기고, 근심으로써 근심거리가 아닌 경우를 대처하는 경우는 이기고, 장수가 능한데 군주가 참견하고 제어하지 않는 자는 이기느니라. 이 5가지 경우는 승리를 아는 도인지라. 그러므로 말하기를 저쪽을 알고 자기를 알게 되면 백 번 싸워 위태롭지 않고, 적을 알지 못하고 자기를 알게 되면 한 번 이기고 한 번 지며, 적도 모르고 자기도 모른다면 매번 싸워서 싸울 때마다 위태로워지느니라.

설 명

이기는 5가지 방법이 있다. 더불어 싸울 수 있는 것과 더불어 싸울 수 없는 것을 알면 승리하고, 병력의 많고 적음에 따른 적절한 운영법을 알면 승리하고, 상하가 뜻을 같이하면 승리하고, 잘 생각하고서 잘 생각하지 못한 적을 기다리면 승리하고, 장수가 유능하고 군주가 간섭하지 않으면 승리한다. 이 5가지가 승리를 아는 길이다. 그러므로 적을 알고 나를 알면 백 번 싸워도 위태롭지 않다. 적을 알지 못하고 나를 알면 일승일패하고, 적도 모르고 나도 모르면 싸울 때마다 위태롭다.

월왕전 내부에 있는 그림으로, 월왕 구천의 모습이다.

제3권 <종합>

◀ 싸우지 않고 이기는 것이 최상책 ▶

　백 번 싸워서 백 번을 이긴다 하더라도 그것이 최고의 방법은 아니다. 최상의 방법은 싸우지 않고 이기는 일이다. 싸우지 않고 이긴다는 것은, 외교적인 교섭으로 상대의 뜻을 꺾는 일이다. 또한 상대의 동맹관계를 분산시켜 고립시키는 일이다. 희생이 요구되는, 성곽의 공격 따위는 최하의 방법이다. 아군의 병력을 감안하지 않고 강대한 적에게 도전하는 것은 현명한 전쟁이 될 수 없다. 오히려 상대를 다치지 않고 항복시키는 것이 이상적인 전법이다. 병력이 열세이면 후퇴하고, 승산이 서지 않으면 싸움을 피하여야 한다. 적을 알고 나를 알면, 절대로 패할 리 없다. 나를 알고 적을 모르면 승패의 확률은 반반이다. 적도 모르고 나도 모른다면 위태로울 수 있다.

　전쟁은 정치의 도구다. 정치적인 여러 가지 관계의 계속이며, 정치 아닌 방법으로 행하는, 정치의 실행이다. 전쟁은 수단이며, 목적은 정치적 의도다. 그리고 어떠한 경우라도, 수단은 목적을 떠나서 생각할 수가 없다. 전쟁하기 전에 정치적 방법으로 문제점을 풀어야 한다는 것이다. 그것이 최상책이기 때문이다.

제4권 軍形篇(군형편)
- 군대의 형태에 관한 편 -

◀ 원문 ▶

孫子가 曰, 昔之善戰者는 先爲不可勝하야 以侍敵之可勝이니라. 不可勝在
손자   왈, 석지선전자   선위불가승   이시적지가승   불가승재

己요 可勝在敵이라 故로 善戰者는 能爲不可勝이나 不能使敵으로 必可
기   가승재적   고   선전자   능위불가승   불능사적   필가

勝이니라 故로 曰, 勝可知나 而不可爲니라 不可勝者는 守也요 可勝者는
승   고   왈, 승가지   이불가위   불가승자   수야   가승자

攻也라 守則不足이요 攻則有餘니라 善守者는 藏于九地之下하고 善攻者는
공야   수즉불족   공즉유여   선수자   장우구지지하   선공자

動於九天之上이니 故로 能自保而全勝也이니라.
동어구천지상   고   능자보이전승야

◀ 한자 풀이 ▶

軍 군사 군, **形** 모양 형, **昔** 예 석, **善** 잘할 선, **先** 먼저 선,
侍 모실 시, **守** 지킬 수, **攻** 칠 공, **足** 족할 족, **餘** 남을 여,
藏 감출 장, **于** 어조사 우, **九** 아홉 구, **地** 땅 지, **下** 아래 하,
動 움직일 동, **保** 지킬 보.

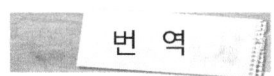

손자가 말하였다. 옛날에 전쟁을 잘하는 사람은 먼저 (적이) 이길 수 없는 상황을 만들어서 적을 이길 수 있는 상황을 기다리느니라. 나를 이길 수 없는 상황은 나에게 달려 있고 적을 이길 수 있는

제4권 軍形篇(군형편) 43

상황은 적에게 달려 있느니라. 그러므로 전쟁을 잘하는 자는 (적이 아군을) 이길 수 없는 상황을 능히 만들 수 있으나 적으로 하여금 반드시 (적을) 이길 수 있는 상황이 되기에는 할 수 없느니라. (적이 패배하도록 할 수 없느니라.) 그러므로 말하기를, 승리는 미리 알 수 있으나 인위적으로 어떻게 할 수는 없느니라. (적이 아군을) 이길 수 없는 경우는 수비에 달려 있고, 적군을 이길 수 있는 경우는 공격인지라.(공격이 훌륭하기 때문이다.) 수비는 (힘이) 부족하기 때문이고 공격하는 일은 힘이 남음이 있을 때 하는 것이니, 잘 수비하는 자는 (자기편을) 땅속 깊이 감추는 것과 같고 잘 공격하는 자는 구천지상에 움직이는 것과 같으니, 그러므로 능히 스스로를 지킬 수 있고 승리를 온전히 할 수 있느니라.

설 명

 전쟁을 잘하는 자는 우선 적이 우리를 이길 수 없도록 만들고 나서, 우리가 적을 이길 수 있는 상황을 만든다. 적이 이길 수 없게 만드는 것은 나에게 달려 있고, 아군이 이길 수 있는 것은 적에게 달려 있다. 그러므로 싸움을 잘하는 자는 적이 이기지 못하게 할 수는 있지만, 반드시 아군이 이길 수 있게끔, 적을 마음대로 할 수는 없다. 그러므로 승리를 예견할 수는 있지만, 반드시 인위적으로 할 수만은 없다. 이길 수 없는 자는 지키고, 이길 수 있는 자는 공격한다. 지키는 것은 부족하기 때문이고 공격하는 것은 힘이 남아 있기 때문이다. 잘 지키는 자는 마치 자기편을 땅 속 깊이 감추듯이 하고, 공격을 잘하는 자는 먼 하늘에서 움직이듯이 공격을 퍼붓는다. 그러므로 능히 자기의 군대를 보존하고서도 완전한 승리를 거두는 것이다.

◀ 원문 ▶

見勝에 不過衆人之所知는 非善之善者也요 戰勝에 而天下曰善은 非善之
견승   불과중인지소지   비선지선자야   전승   이천하왈선   비선지

善者也라 故로 擧秋毫에 不爲多力이요 見日月에 不爲明目이요 聞雷霆에
선자야 고   거추호   불위다력   견일월   불위명목   문뇌정

不爲聰耳라 古之所謂善戰者는 勝于易勝者也라.
불위총이   고지소위선전자   승우이승자야

故로 善戰者之勝也에는 無智名이요 無勇功이니라 故로 其戰勝이 不忒
고   선전자지승야   무지명   무용공   고   기전승   불특

하니 不忒者는 其所措가 必勝이니 勝已敗者也라.
     불특자   기소조   필승   승이패자야

故로 善戰者는 立于不敗之地하여 而不失敵之敗也니라.
고   선전자   입우불패지지   이불실적지패야

◀ 한자 풀이 ▶

見 볼 견, **勝** 이길 승, **過** 지날 과, **擧** 들 거, **秋** 가을 추,
毫 가는 털 호, **聞** 들을 문, **雷** 우레 뇌, **霆** 천둥소리 정,
爲 할 위, **聰** 귀 밝을 총, **耳** 귀 이, **易** 쉬울 이, **智** 슬기 지,
勇 날쌜 용, **功** 공 공, **其** 그 기, **勝** 이길 승, **忒** 변할 특,
敗 깨뜨릴 패, **立** 설 립, **失** 잃을 실.

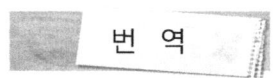

승리를 예견함이 뭇사람들이 알고 있는 것을 지나지 못하면 잘하는 것 중 잘하는 것이 아니고 전쟁에 이김에 천하 사람들이 말하길 '잘한다'했으면 잘하는 것 중 잘하는 것이 아니다. 그러므로 가을 터럭을 들어 올림에 내가 힘이 세다고 삼지 않고 해와 달을 보면서 밝은 눈을 삼지 않고 천둥과 벼락 소리를 들으면서 귀가 밝다고 삼

지 않느니라. 그러므로 이른바 싸움을 잘하는 자는 쉽게 이길 수 있는 상황에서 이기는 자이니라. 그러므로 싸움을 잘하는 자의 승리에는 지혜롭다는 이름이 없는 것이고 용맹스러움에서 오는 공도 없느니라. 그러므로 그 전쟁에서 이기는 것이 어긋나지 않으니 어긋나지 않는 것은 그 조치한 바가 반드시 이기는 것이니 이미 무너지고 패배한 자를 이기는 것인지라. 그러므로 전쟁을 잘하는 자는 패배하지 않을 위치에 서서 적이 무너지는 절호의 기회를 잃지 않느니라.

설 명

승리를 예견하는 것이 많은 사람이 아는 바에 지나지 않는다면, 잘하는 것이 아니다. 전쟁에 이겨서 세상 사람이 잘했다고 해도, 잘한 것이 아니다. 터럭을 들어 올렸다고 해서 힘이 세다고 하지 않고, 해와 달을 본다고 해서 눈이 밝다고 하지 않고, 우레 소리를 들었다고 하여 귀가 좋다고 하지 않는다. 옛날에 이른바 전쟁을 잘했던 사람은 쉽게 이길 수 있는 것에 이긴다. 그러므로 잘 싸우는 사람의 승리에는 슬기로웠다는 이름도 없고, 용맹스러웠다는 공적도 없다. 이기는 군대는 먼저 이기고서 그 후에 싸우고, 지는 군대는 먼저 싸우고서 그 후에 이기려 한다. 그러므로 그 전쟁에서 이기는 것은 틀림이 없다. 틀림이 없는 것은 그 조치하는 바가 반드시 승리하게 되어 있는데, 이는 싸우기 전부터 이미 지고 있는 적을 상대로 싸우기 때문이다. 그러므로 전쟁에 능한 자는 자기편을 절대 불패의 태세로 갖추어 놓고서 적의 실패를 놓치지를 않는다.

46 원문 독해 『孫子兵法(손자병법)』

◀ 원문 ▶

是故로 勝兵은 先勝而后求戰하고 敗兵은 先戰而后에 求勝이니라.
시고   승병   선승이후구전   패병   선전이후   구승

善用兵者는 修道而保法이라 故로 能爲勝敗之政하니라.
선용병자   수도이보법   고   능위승패지정

兵法은 一曰度요 二曰量이요 三曰數요 四曰稱이요 五曰勝이라.
병법   일왈도   이왈량   삼왈수   사왈칭   오왈승

地生度하고 度生量하고 量生數하고 數生稱하고 稱生勝하니라.
지생도   도생량   양생수   수생칭   칭생승

故로 勝兵은 若以鎰稱銖요 敗兵은 若以銖로 稱鎰이니라
고   승병   약이일칭수   패병   약이수   칭일

勝者之戰은 若決積水於千仞之溪者는 形也니라.
승자지전   야결적수어천인지계자   형야

◀ 한자 풀이 ▶

求 구할 구, 后 임금 후, 修 닦을 수, 保 지킬 보, 政 정사 정,
度 법도 도, 量 헤아릴 량, 數 셀 수, 稱 일컬을 칭, 勝 이길 승,
若 만일 약, 鎰 중량 일, 銖 무게단위 수, 決 터질 결,
積 쌓을 적, 仞 길 인, 溪 계곡 계, 形 형세 형.

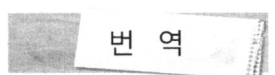

번 역

　이런 까닭에 승리하는 군사는 먼저 이긴 이후에 전쟁을 구하고 무너지는 병사는 잘 싸운 뒤에 승리를 구하느니라. 용병을 잘 쓰는 자는 전승의 도를 잘 닦은 이후에 전승할 수 있는 법을 지키느니라. 그러므로 승리하느냐 패배하느냐의 정사를 행할 수 있다. 병법은 첫 번째는 규모요, 두 번째는 양이 많아야 하고 세 번째는 숫자가 많아야 하고 네 번째는 저울질이고 다섯 번째는 승리이다. 땅이 규모를

낳는 것이고 규모가 양을 낳고 양이 수를 낳고 숫자가 전력을 낳고 전력의 수준이 승리를 낳는다. 그러므로 승리하는 군사는 마치 쇠 20량으로써 한 냥의 24/1의 전력을 맞추는 듯하고 패배는 마치 24/1의 양으로써 20냥을 저울질하듯이 한다. 이기는 자의 싸움은 천 길의 계곡에서 쌓인 물의 둑을 터는 것과 같은 형세이니라.

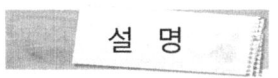

이런 까닭에 이기는 군대는 먼저 이겨 놓고서 그 후에 전투를 하려고 하며, 지는 군대는 먼저 전투부터 벌여 놓고서 그 후에 이기려고 한다. 그러므로 전쟁에 능한 자는 전승할 수 방법을 잘 닦은 후에 전승할 수 있는 법을 지킨다. 그러므로 승리하느냐? 패배하느냐?의 정치를 행할 수 있다. 병법에, 첫째는 도(度, 국토의 넓이를 재는 것으로 규모를 뜻함)요, 둘째는 양(量, 자원의 많고 적음)이 많아야 하고, 셋째는 수(數, 인구의 많고 적음)요, 넷째는 칭(稱, 전력의 강하고 약함)이요, 다섯째는 승(勝, 승리와 패배의 예측)이라고 하였다. 곧 지형에 따라서 도가 생기고, 도에 따라서 양이 생기고, 양에 따라서 수가 생기고, 수에 따라서 칭이 생기고, 칭에 따라서 승이 생긴다. 그러므로 승리하는 군대는 20냥으로 1냥을 대하는 것 같고, 패배하는 군대는 반대의 일이 벌어진다. 따라서 승리하는 자의 싸움은, 마치 가득 차 있는 봇물을 천 길의 골짜기에 터놓는 것과 같은 형세이다.

제4권 <종합>

◀ 승리(勝利)는 준비에서 나온다. ▶

우선 불패의 태세를 굳혀 놓고, 적이 무너지기를 기다리는 것이 싸움에 능한 전술이다. 수비에 있어서는 적이 침공할 기회를 주지 않고, 공격으로 들어가면 속공으로써 적이 수비할 기회를 주지 않는 것, 이것이 필승(必勝)의 조건이다. 똑같이 이기더라도, 우리 편의 사상자가 없이 자연스럽게 이기는 것이 바람직하다. 큰 손해를 발생시키고 겨우 이기는 것, 이런 승리는 바람직하지 못하다. 미리 승리할 태세를 갖추어 놓고서 싸우는 자가 승리를 거두며, 무작정 싸움을 시작하여 놓고서 승리를 얻겠다고 허둥대는 자는 패배할 수밖에 없다. 싸움을 시작하려거든, 우선 만전의 태세를 갖추어 놓고, 가득 찬 봇물을 깊은 골짜기에 터놓듯이, 단숨에 상대방을 압도하여야 한다. 또한 수비에 만전을 기하고, 그리고 상대방의 틈을 노려서 공격을 가해야 한다. 그렇게 하면 반드시 이긴다는 보장은 없지만, 적어도 지지 않는다.

제5권 兵勢篇(병세편)
- 전술적인 세력에 관한 편 -

◀ 원문 ▶

孫子曰 凡治衆(을) 如治寡는 分數是也라.
손자왈 범치중   여치과   분수시야

鬪衆을 如鬪寡는 形名이 是也니라.
투중   이투과   형명   시야

三軍之衆으로 可使必受敵而無敗者는 奇正이 是也라. 兵之所加를 如以
삼군지중   가사필수적이무패자   기정   시야   병지소가   여이

碫投卵者는 虛實이 是也니라.
단투란자   허실   시야

◀ 한자 풀이 ▶

兵 전쟁 병, **勢** 기세 세, **治** 다스릴 치, **衆** 무리 중, **寡** 적을 과,
分 나눌 분, **數** 셀 수, **鬪** 싸움 투, **受** 받을 수, **奇** 기이할 기,
加 더할 가, **碫** 숫돌 단, **投** 던질 투, **卵** 알 란, **虛** 빌 허,
實 열매 실, **是** 바로 시.

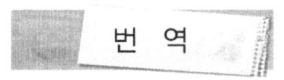

손자가 말했다. 무릇 많은 사람 다스리기를 마치 적은 사람 다스리듯이 하는 것이 (그) 수를 나누는 것이 바로 그것이다. 대중과 싸우기를 마치 적은 사람과 전투하듯이 하는 것은 형체와 명성으로 하는 것이 바로 그것이다. 삼군(3만 7천 5백 명)의 대중으로(많은 군사로) 가히 하여금 반드시 적을 받아드려서 패배하는 일이 없도록

할 수 있는 것은 기습 공격과 정공법이 바로 그것이니라. 무력(병장기)을 가하는 바를 단단한 돌을 계란에게 던지듯이 하는 것은 허점과 실속을 따지는 것이 바로 그것이니라.

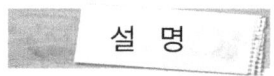

무릇 많은 군사를 다스리기를 적은 군사를 다스림과 같이 함은 바로 분수(分數) 곧 편성이요, 많은 군사를 싸우게 하는 것을 적은 군사가 싸우는 것같이 함은 바로 형명(形名) 곧 형체와 명성으로 지휘이다. 삼군의 많은 군사가 적을 만나 절대로 패함이 없게 할 수 있는 것은, 기습공격과 정공법이다. 병력을 적군에게 가할 때, 마치 돌을 계란에 던지는 것같이 하는 것은, 실(實)로써 허(虛)를 치는 것이다.

분수(分數)란 군대의 조직, 편성을 확신히 하는 것이고, 형명(形名)이란 군의 지휘, 명령 계통을 확립시키는 것이다. 기정(奇正)이란 변화무쌍한 전법을 쓰는 것이고, 허실(虛實)이란 충실한 전력으로 적의 허를 찌르는 것이다. 이 중에서 분수와 형명은 조직 원칙에 관한 것으로, 조직을 잘 편성하고 지휘와 명령 계통을 확립하는 것이다.

제5권 兵勢篇(병세편) 51

◀ 원문 ▶

凡戰者는 以正合하고 以奇勝이니라. 故로 善出奇者는 無窮이 如天地요
범전자   이정합   이기승   고   선출기자   무궁   여천지

不竭이 如江河라. 終而復始는 日月이 是也요 死而復生은 四時是也니라.
불갈   여강하   종이부시   일월   시야   사이부생   사시시야

聲이 不過五나 五聲之變을 不可勝聽也요 色이 不過五나 五色之變을
성   불과오   오성지변   불가승청야   색   불과오   오색지변

不可勝觀也요 味가 不過五나 五味之變을 不可勝嘗也니라. 戰勢가 不過
불가승관야   미   불과오   오미지변   불가승상야   전세   불과

奇正이나 奇正之變은 不可勝窮也라. 奇正相生은 如循環之無端이라.
기정   기정지변   불가승궁야   기정상생   여순환지무단

孰能窮之哉아.
숙능궁지재

◀ 한자 풀이 ▶

合 합할 합, 奇 기이할 기, 窮 다할 궁, 竭 다할 갈, 終 끝날 종,
復 다시 부, 始 처음 시, 聲 소리 성, 過 지날 과, 變 변할 변,
聽 들을 청, 色 빛 색, 觀 볼 관, 味 맛 미, 嘗 맛볼 상,
勢 기세 세, 循 돌 순, 環 돌 환, 端 끝 단, 孰 누구 숙,
能 능할 능, 窮 다할 궁, 哉 어조사 재.

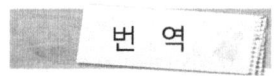

무릇 전쟁이라는 것은 정공법으로(써) 합하고(대항, 대적하고)
(이길라면) 기공법(변칙법)으로써 이기느니라. 그러므로 기습 공격을
잘하는 자는 무궁함이 마치 천지와 같고 마르지(끝나지) 않는 것이
마치 강하(장강과 황하)와 같으니라. 다 마쳐졌는데 다시 시작되는
것은 해와 달이 바로 그것이요. 죽었는데 다시 살아나는 것은 사시

(四時)가 바로 그것이다. 소리가 다섯 가지를 지나지 않지만 다섯 가지 색(청황적백흑)의 변화무쌍을 이루 다 살펴볼 수 없고, 맛이 다섯 가지를 지나지 않지만 오미(달고 쓰고 짜고 시고 맵고)의 변화를 가히 맛볼 수 없느니라. 전쟁의 형세가 (크게는) 기정(奇正)에 불과하지마는 기공법과 정공법의 변화무쌍함은 이루 다 끝을 알 수 없느니라. 기공법과 정공법이 서로 생겨나는 것이 마치 돌고 돌면서 (고리 모양으로 돎) 끝이 없는 것과 같으니라. 누가 능히 다 알 수 있으리요.

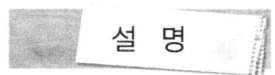

　　무릇 전쟁이라는 것은 정공법(정면전, 정규군)으로써 싸우고, 기공법(측면전, 게릴라부대 등의 변화무쌍한 전술)으로써 승리하는 것이다. 그러므로 기공법에 능한 자는, 하늘과 땅처럼 끝이 없고 장강(長江)과 황하(黃河) 같다. 끝났으되 다시 시작됨은 해와 달이 바로 이것이요, 죽었으되 다시 살아남은 4계절이 바로 이것이다. 소리는 5가지에 불과하지만 다섯 소리의 변화 모두를 다 들을 수가 없고, 색채는 5가지에 불과하지만 다섯 색채의 변화 모두를 다 볼 수가 없으며, 맛은 5가지에 불과하지만 다섯 가지 맛의 변화 모두를 다 맛볼 수가 없다. 전쟁의 형세가 기공법과 정공법에 불과하지만, 기공법과 정공법의 변화무쌍함은 헤아릴 수 없을 만큼 무궁무진하다. 기공법과 정공법이 서로 생겨나는 것은 마치 순환하여 끝이 없는 것과 같으니, 누가 능히 알 수 있겠는가?

제5권 兵勢篇(병세편) 53

◀ 원문 ▶

激水之疾이 至于漂石者는 勢也라. 鷙鳥之疾이 至于毁折者는 節也라.
격수지질   지우표석자   세야   지조지질   지우훼절자   절야

是故로 善戰者는 其勢險하고 其節短하니 勢如彍弩하고 節如發機라
시고   선전자   기세험   기절단   세여확노   절여발기

紛紛紜紜하여 鬪亂而不可亂也요 渾渾沌沌하여 形圓而不可敗也니라
분분운운   투난이불가난야   혼혼돈돈   형원이불가패야

亂生於治하고 怯生於勇하고 弱生於彊이니라.
난생어치   겁생어용   약생어강

治亂은 數也요 勇怯은 勢也요 强弱은 形也니라.
치란   수야   용겁   세야   강약   형야

◀ 한자 풀이 ▶

激 물격 부디쳐 흐를 격, 疾 버릇 질, 至 이를 지, 漂 떠돌 표,
勢 기세 세, 鷙 맹금 지, 鳥 새 조, 毁 헐 훼, 折 꺾을 절,
節 마디 절, 險 험할 험, 短 짧을 단, 彍 활시위 당길 확,
弩 쇠뇌 노, 發 쏠 발, 機 틀 기, 紛 어지러울 분,
紜 어지러울 운, 鬪 싸움 투, 亂 어지러울 난, 渾 흐릴 혼,
沌 어두울 돈, 形 모양 형, 圓 둥글 원, 敗 패할 패, 治 다스릴 치,
怯 겁낼 겁, 勇 날쌜 용, 弱 약할 약, 彊 굳셀 강.

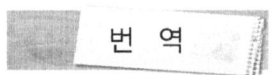

격한 물줄기의 빠름이 돌도 떠나보내는 형세요. 사나운 새의 빠름이 훼손하고 꺾기기에 이르는 것은 (이것이 바로) 절도이니, 이런 까닭에 전쟁을 잘하는 자는 그 형세가 험하고 그 절도가 짧으니(짧으면서도 시원한 것) 세력이 마치 당기는 쇠뇌(여럿발의 쏘는 화살, 4대 정도)와 같고 절도가 마치 전투기를 발사하는 것과 같다.(핵미

사일 발사와 같다) 엉키고 엉킨 듯하며 어지러워서(엉킨 듯이 어지러워서) 싸움이 어지러운데도 가히 어지러울 수 없고, 크게 한 덩어리가 된 기운 덩어리가 되어서 그 모양이 둥글면서도 가히 무너지지 않느니라. 난(亂)은 치(治)에서부터 생기고 겁(怯)은 용맹에서 생기는 것이고 약(弱)은 강한 데서 생겨나느니라. 잘 다스림과 못 다스려서 혼란한 것은 분수에 해당되고, 용기가 있는 자와 겁쟁이는 형세에 해당되고, 강하느냐 약하느냐는 모양이니라.

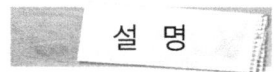

거센 물결이 빨라서 돌을 떠나보내게 되는 것은 기세요, 새매가 날쌔게 날아 먹이를 부수고 꺾는 것은 절도로, 곧 순발력이다. 그러므로 전쟁에 능한 자는, 그 기세가 험하고 그 순발력이 짧으면서도 시원하다. 기세는 쇠뇌를 당기는 것과 같고, 절도는 전투기 곧 핵미사일을 쏘는 것과 같다. 어지럽게 헝클어져서 싸움이 혼란하더라도 흐트러지지 않으며, 뒤섞이고 혼탁하여 둥글게 되더라고 패하게 하지 못한다. 혼란은 다스림에서 생기고, 겁내는 것은 용기에서 생기고, 약함은 강한 데서 생긴다. 잘 다스려지고 잘못 다려지는 것은 분수에 해당되고, 용기가 있는 자와 겁쟁이는 형세에 해당되고, 강하고 약한 것은 모양에 해당된다.

제5권 兵勢篇(병세편) 55

◀ 원문 ▶

故로 善動敵者는 形之에 敵必從之하고 予之에 敵必取之하나니 以利動
고   선동적자   형지   적필종지   여지   적필취지   이리동

之하고 以詐待之니라. 故로 善戰者는 求之于勢하고 不責於人하나니
지   이사대지   고   선전자   구지우세   불책어인

故로 能擇人而任勢니라. 任勢者는 其戰人也에 如轉木石이니라.
고   능택인이임세   임세자   기전인야   여전목석

木石之性은 安則靜하고 危則動하고 方則止하고 圓則行이니라.
목석지성   안즉정   위즉동   방즉지   원즉행

故로 善戰人之勢을 如轉圓石於千仞之山者는 勢也니라.
고   선전인지세   여전원석어천인지산자   세야

◀ 한자 풀이 ▶

予 나 여, 詐 속일 사, 待 기다릴 대, 責 꾸짖을 책, 擇 가릴 택,
任 맡길 임, 轉 구를 전, 安 편안할 안, 靜 고요할 정, 仞 길 인,
危 위태할 위, 方 모 방, 止 멈출지, 圓 둥글 원, 行 갈 행.

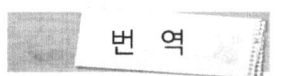

그러므로 잘 동요시키는 자는 모양(군형)만 보여줌에 적이 반드시 따르고 여건을 줌(먹이감을 줌)에 적이 반드시 취함에 이익으로써 움직이게 하고 속임수로써 기다리니라. 그러므로 전쟁을 잘하는 자는 세력(형세)에서 구하고 남에 대해서 책임을 묻지 않으니 그러므로 능히 사람을 잘 기다릴 줄 알아서 세력(형세)을 맡기느니라. 형세에 맡기는 자는 그 사람을 싸우게 함에 마치 목석을 굴릴 듯이 하느니라. 목석의 성질은 편안하고 고요해지고 위태로우면 움직이고 모가 나면 멈추고 둥글면 굴러가게 마련이니라. 그러므로 남과 잘 싸우는 형세를 마치 둥근 바윗돌을 굴리듯이 하는 자는 천길 산위

에서 둥근 바윗돌을 굴리듯이 하는 자는 세력이니라.

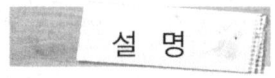

그러므로 적을 흔들리며 움직이게 하는 자는, 이쪽이 어떤 태세를 보이면 적은 반드시 이에 따른 반응을 보이며, 무언가 먹이감을 주면 적은 반드시 이를 취하려 하니, 이로움으로써 적을 움직여 끌어내어, 속임수로써 적을 기다린다. 전쟁에 능한 자는, 승리를 전세에서 구하고, 남을 탓하지 않는다. 그러므로 인재를 적재적소에 배치하여 전세에 적응케 한다. 전세에 잘 적응하는 자는, 휘하 장병을 싸우게 함이 마치 나무나 돌을 굴리는 것과 같이 한다. 나무나 돌의 성질은 놓인 곳이 편안하면 조용히 머무르지만 경사지면 움직이며, 또한 생긴 모양이 모가 나면 정지하고 둥글면 구르게 마련이다. 그러므로 전쟁을 잘 수행하는 자가 만들어 내는 전세란, 마치 둥근 돌을 천 길이나 되는 산 정상에서 굴리는 것과 같으니, 이것이 곧 전쟁의 세력이다.

제5권 <종합>

◀ 조직의 힘이 세력이다. ▶

　전쟁을 하는 방법은, 정공법과 기공법의 조화로써 성립되는데, 그 변화는 무궁무진하다. 승리를 거두기 위해서는 정공법과 기공법의 운용, 곧 변화무쌍한 전법에 숙달되지 않으면 안 된다. 또한 적을 격파하기 위해서는, 세력이 강하지 않으면 안 된다. 싸움에는 세라는 것이 있다. 세란, 가두어 놓은 봇물이 터져 쏟아질 때의 기세를 말한다. 이런 세를 만들어내고 그 기세를 타고 싸우는 것이, 전쟁에 능한 자의 전법이다. 전쟁에 능한 자는, 무엇보다도 먼저 기세를 타는 것을 중시하고, 한 사람 한 사람의 움직임에 과도한 기대를 걸지 않는다. 세를 타고 싸우면, 비탈길에서 굴러 쏟아지는 통나무나 천 길이난 되는 산 정상에서 구르는 둥근 돌처럼 병사들은 뜻밖의 힘을 발휘하며, 전군이 한 덩어리가 되어 싸울 수가 있는 것이다. 이것이 조직의 힘이면서 전쟁의 세력인 것이다.

제6권 虛實篇(허실편)
- 허점을 부리거나 내실을 다룬 편 -

◀ 원문 ▶

孫子曰 凡先處戰地하여 而待敵者는 佚하고
손자왈 범선처전지　　 이대적자　 일

后處戰地하여 而趨戰者는 勞라.
후처전지　　 이추전자　 노

故로 善戰者는 致人이요, 而不致于人이니라. 能使敵自至者는 利之也요,
고　 선전자　 치인　　 이불치우인　　　 능사적자지자　 리지야

能使敵不得至者는 害之也니라.
능사적부득지자　 해지야

故로 敵佚能勞之하고 飽能飢之하고 安이면 能動之니라.
고　 적일능노지　　 포능기지　　 안　　 능동지

◀ 한자 풀이 ▶

虛 빌 허, **實** 열매 실, **處** 살 처, **戰** 싸울 전, **地** 땅 지,
待 기다릴 대, **佚** 편안할 일, **趨** 달릴 추, **勞** 일할 로,
致 보낼 치, **使** 하여금 사, **害** 해칠 해, **飽** 배부를 포,
飢 주릴 기, **安** 편안할 안.

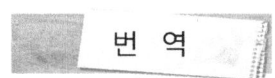
번 역

　　손자가 말하였다. 무릇 전쟁터에 먼저 처하여 적군을 기다리는 자는 편안하고 전쟁터에 나중에 처하여 싸움터로 내달려 가는 자는 피곤해진다.(수고로워진다) 그러므로 싸움을 잘하는 자는 남을 부르

고 남에게 불러가지 않는다.(부림을 받지 않는다) 능히 적인으로 하여금 스스로 이르러 오게 하는 것은 이롭게 여기도록 하는 것이고 능히 적인으로 하여금 이르러오지 않게 하는 것은(이르러 오지 못하게 하는 것은) 해롭게 여기게 하는 것이니라. 그러므로 적이 편안하게 있으면 능히 수고롭게 해야 하고 적이 배부르면 능히 굶주리게 해야 하고 적이 차분하게 있으면 능히 동요시킬 줄 알아야 하느니라.

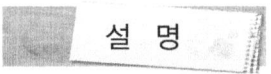

먼저 전쟁터에 나아가서 적을 기다리는 자는 편하고, 나중에 싸움터에 나와서 싸우려고 달려가는 자는 고달프다. 그러므로 전쟁을 잘하는 자는 남을 끌고 다니기는 하지만 남에게 끌려 다니지는 않는다. 적으로 하여금 스스로 나오게 하는 것은 이익이 있기 때문이요, 적으로 하여금 스스로 나오지 않게 하는 것은 해로움이 있기 때문이다. 그러므로 적이 편안하면 이를 수고롭게 하고, 배부르면 굶주리게 하고, 안정되면 동요하게 하여야 한다.

◀ 원문 ▶

出其所不趨하고 趨其所不意하니 行千里而不勞者는 行于無人之地也니라.
출기소불추   추기소불의   행천리이불노자   행우무인지지야

攻而必取者는 攻其所不守也요 守而必固者는 守其所不攻也니라.
공이필취자   공기소불수야   수이필고자   수기소불공야

故로 善 攻者는 敵不知其所守하고 善守者는 敵不知其所攻하니
고   선 공자   적부지기소수   선수자   적부지기소공

微乎微乎요 至於無形하며 神乎神乎요 至於無聲하니
미호미호   지어무형   신호신호   지어무성

故로 能爲敵之司命이라.
고   능위적지사명

◀ 한자 풀이 ▶

出 날 출, **趨** 달릴 추, **意** 뜻 의, **勞** 일할 노, **攻** 칠 공,
固 굳을 고, **微** 작을 미, **神** 귀신 신, **司** 맡을 사, **命** 목숨 명.

번 역

그 (적이) 달려가지 못할 곳으로 나아가고 그 생각하지도 못한 곳으로 달려가니 천리를 행군하되 수고롭지 않은 것은 아무 사람도 없는 곳으로 행(행군)하기 때문이니라. 공격을 해서 반드시 취할 수 있는 것은 그 지키지 않는 바를 공격하기 때문이요, 지키되 반드시 견고하게 할 수 있는 것은 그 적이 공격하지 않는 곳을 지키기 때문이니라. 그러므로 잘 공격하는 자는 적이 지킬 곳을 알지 못하고 잘 수비하는 자는 적이 그 공격할 곳을 알지 못하니 은미하고 은미함이요, 형체가 없는데 이르게 되며 신묘함이요, 신묘함이요, 소리가 없는데 이르렀다. 그러므로 능히 적의 운명 목숨을 맡은 사람이 된다.(적의 목숨을 쥐고 있는 사람이 된다)

설 명

 적이 질주하지 못할 곳으로 진격하고, 적이 생각지도 않은 곳으로 달려 나가고, 천리를 행군하고도 피로하지 않음은 적이 없는 곳으로 진군하기 때문이요, 공격하면 반드시 빼앗음은 적이 지키고 있지 않은 곳을 공격하기 때문이며, 수비하면 반드시 지킬 수 있음은 적이 공격하여 오지 못하는 곳을 지키기 때문이다. 그러므로 공격을 잘하면 적은 어디를 지켜야 할지를 모르고, 또한 수비를 잘하면 적은 어디를 공격하여야 할지를 모른다. 은미하고도 은미하도다! 이런 군대는 형태가 보이지 않는 경지에 이른다. 신묘하고도 신묘하도다! 이런 군대는 소리가 들리지 않는 경지에 이른다. 그러므로 능히 적의 생사(生死)를 맡아 다스리는 사람이 된다.

구천, 문종, 범려가 오나라 부차에게 설욕하기 위해 백성들과 힘을 기르는 장면이다

◀ 원문 ▶

進而不可御者는 衝其虛也요, 退而不可追者는 速而不可及也이니
진이불가어자   충기허야   퇴이불가추자   속이불가급야

故로 我欲戰에 敵雖高壘深溝라도 不得不與我戰者는 攻其所必救也요,
고   아욕전   적수고누심구   불득불여아전자   공기소필구야

我不欲戰에 雖劃地而守之나 敵이 不得與我戰者는 乖其所之也니라.
아불욕전   수획지이수지   적   부득여아전자   괴기소지야

◀ 한자 풀이 ▶

進 나아갈 진, **御** 다스릴 어, **衝** 찌를 충, **虛** 빌 허, **壘** 진 루,
退 물러날 퇴, **追** 쫓을 추, **速** 빠를 속, **及** 미칠 급, **深** 깊을 심,
溝 봇도랑 구, **救** 건질 구, **劃** 그을 획, **乖** 어그러질 괴.

번 역

 (내가) 나아가는데 방어할 수 없는 것은 그 빈곳을 공격하기 때문이요, 물러가는데 따라 올 수 없도록 하는 것은 속히 해서 가히 미칠 수 없기 때문이다. 그러므로 내가 싸우고자 함에 적이 비록 높은 성과 깊은 도랑(보루)을 가지고 있더라도 나와 더불어서 싸우지 않을 수 없는 것은 그 반드시 구원하고 지켜야 할 곳을 공격하기 때문이다. 우리 아군이 싸우지 않고자 하는 데에 비록 땅에 금을 그어놓고 지키기는 하나 적이 아군과 더불어서 싸울 수 없는 것은 (적군이) 갈 곳을 어긋나게 하기 때문이니라.

설 명

 진격할 때 막아내지 못하는 것은, 그 허(虛)를 찔렀기 때문이요, 철수할 때 추격하지 못하는 것은, 신속함이 미치지 못하는 까닭이

다. 그러므로 아군이 싸우기를 원하면, 적이 비록 둑을 높이 쌓고 도랑을 깊이 파고 지킨다 하더라도, 우리와 더불어 싸우지 않을 수 없는 곳 곧 그들이 반드시 구출해야 할 요지를 공격하기 때문이요, 반대로 아군이 싸우기를 원하지 않는다면. 비록 땅 위에 금을 긋고 지키더라도 적이 우리와 더불어 싸울 수 없는 것은, 싸움의 방향을 다른 데로 바꾸어 놓기 때문이다.

월나라 왕 구천이 치욕을 씻기 위해 군사를 일으키는 장면이다.

◀ 원문 ▶

故로 形人而我無形이면 則我專而敵分하니 我專爲一이요, 敵分爲十이라.
고   형인이아무형   즉아전이적분   아전위일   적분위십

是以로 十攻其一也이니 則我衆而敵寡라. 能以衆으로 擊寡者면 則吾之
시이   십공기일야   즉아중이적과   능이중   격과자   즉오지

所與戰者約矣니라. 吾所與戰之地를 不可知니 不可知면 則敵所備者가
소여전자약의   오소여전지지   불가지   불가지   즉적소비자

多하고 敵所備者가 多면 則吾之所戰者가 寡矣니라.
다   적소비자   다   즉오지소전자   과의

◀ 한자 풀이 ▶

專 오로지 전, **擊** 칠 격, **寡** 적을 과, **約** 묶을 약, **備** 갖출 비,
多 많을 다, **戰** 싸울 전.

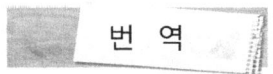

그러므로 남(적군)을 나타나게 하되 내가 나타냄이 없으면 나는 한결같이 오로지해서(전일해서) 적군은 분산되게 마련이니 나는 오로지해서 하나가 되고 적이 분산되어 열이 되는지라. 그래서 열이 그 하나는 치게 되니 나는 많고 적군은 적은지라. 능히 많은 수로써 적은 수를 치게 되면 내가 더불어 싸우는 바가 요약되느니라.(적어진다) 내가 더불어 싸우는 땅을 알 수 없으니 알지 못하면 적이 대비할 곳이 많아지고 적이 대비할 곳이 많아지면 내가 싸울 곳이 적어지느니라.

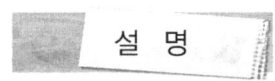

적을 드러나게 하고 나는 드러내지 않으면, 아군은 필요한 대비

를 향하여 집결되고 적은 골고루 대비하기 위하여 분산된다. 아군은 집결되어 하나가 되고, 적은 분산되어 열로 나누어지면 이는 열로써 적의 하나를 공격하는 셈이다. 곧 아군은 우세하고 적은 열세이다. 우세한 병력을 집결하여 열세인 적을 공격하는 것은, 곧 아군이 그들과 더불어 싸운다는 것은 아주 쉬운 일이다. 적군은 아군과 싸울 장소를 모르니, 적에게는 수비할 곳이 많아진다. 수비할 곳이 많아지면, 곧 아군과 싸울 사람이 적어진다.

오나라 왕 부차에게 미인계로 발탁된 서시의 모습이다.

◀ 원문 ▶

故로 備前이면 則後寡하고 備後면 則前寡라. 備左면 則右寡하고 備右면
고   비전   즉후과   비후   즉전과   비좌   즉우과   비우

則左寡하니 無所不備면 則無所不寡니라. 寡者는 備人者也요, 衆者는 使人
즉좌과   무소불비   즉무소불과   과자   비인자야   중자   사인

備己者也니라. 故로 知戰之地하고 知戰之日이면 則可千里而會戰이요,
비기자야   고   지전지지   지전지일   즉가천리이회전

不知戰之地하고 不知戰之日이면 則左不能救右하고 右不能救左하며 前不
부지전지지   부지전지일   즉좌불능구우   우불능구좌   전불

能救後하고 後不能救前하니 而況遠者는 數十里요, 近者라도 數里乎아.
능구후   후불능구전   이황원자   수십리   근자   수리호

以吾度之건대 越人之兵이 雖多라도 亦奚益于勝敗哉리요.
이오탁지   월인지병   수다   역해익우승패재

故로 曰勝可爲也니 敵雖衆이나 可使無鬪니라.
고   왈승가위야   적수중   가사무투

◀ 한자 풀이 ▶

備 갖출 비, **寡** 적을 과, **會** 모일 회, **況** 하물며 황, **益** 더할 익,
度 헤아릴 탁, **越** 월나라 월, **雖** 비록 수, **奚** 어찌 해.

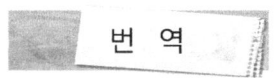

그러므로 앞을 대비하게 되면 뒤가 적어지고 뒤쪽을 대비하면 앞쪽이 적어지게 된다. 왼쪽을 대비하면 오른쪽이 적어지고 오른쪽을 대비하게 되면 왼쪽이 적어지게 되니 대비하지 않는 곳이 없으면 적지 않는 곳이 없어지느니라. 적은 것은 남을 대비하는 것이요, 많은 것은 남으로 하여금 자기를 대비시키는 것이니라. 그러므로 싸울 땅을 알고 싸울 날짜를 알게 되면 가히 천리를 달려가서 막다들려(마주쳐서) 싸울 수 있고 싸울 땅을 알지 못하고 싸울 날짜를 알

지 못하면 왼쪽에서 능히 오른쪽을 구원할 수 없고 오른쪽에서 능히 왼쪽을 구원할 수 없게 된다. 앞쪽에서 능히 뒤쪽을 구원할 수 없고 뒤쪽에서 앞쪽을 구원할 수 없게 되니, 하물며 먼 경우는 수십리가 되고 가까울 경우라도 수리가 되어 있어야 나로서 헤아려 보건데(내가 생각해 보건데) 월(越)나라 사람들의 군사가 비록 많다고 하지만 어찌 승패에 있어서 무슨 보탬이 되리오. 그러므로 말하기를, 승리라는 것은 가히 마음대로 할 수 있으니 적이 비록 많다고 하지만 가히 싸움이 없도록 하게 하느니라.

설 명

그러므로 앞을 수비하면 뒤가 약화되고, 뒤를 수비하면 앞이 약화되며, 왼쪽을 수비하면 오른쪽이 약화되고, 오른쪽을 수비하면 왼쪽이 약화되고, 수비하지 않는 곳이 없은즉 약화되지 않는 곳이 없다. 군사력이 열세인 것은, 적군을 수비하기 위하여 병력을 분산시킨 때문이요, 군사력이 우세 한 것은, 적을 분산시켜 놓고 자기의 편을 지키기 때문이다. 싸울 장소를 알고 싸울 날짜를 알면 천 리 밖에서 싸워도 좋지만, 싸울 장소를 모르고 싸울 날짜를 모르면 왼쪽의 군대가 오른쪽의 군대를 구할 수 없고, 뒤쪽의 군대가 앞쪽의 군대를 구할 수 없으니, 어찌, 멀면 수십 리, 가까워도 몇 리 밖에서 싸우는 군대를 구원할 수 가 있겠는가? 내가 생각하기에는 월나라의 군대가 수는 비록 많지만, 이것 역시 어떻게 필승을 보장할 수 있겠는가? 그러므로 말한다면, 승리는 마음대로 할 수 있으니, 적이 비록 많더라도 싸움은 없도록 해야 한다.

◀ 원문 ▶

故로 策之而知得失之計하고 作之而知動靜之理하고 形之而知死生之地
    책지이지득실지계   작지이지동정지리   형지이지사생지지

하고 角之而知有余不足之處니라. 故로 形兵之極은 至於無形이니 無形
    각지이지유여부족지처   고   형병지극   지어무형   무형

이면 則深間도 不能窺요 智者도 不能謀니라. 因形而錯勝於衆이나 衆不
    즉심간   불능규   지자   불능모   인형이착승어중   중불

能知니라. 人皆知我所以勝之形이나 而莫知吾所以制勝之形이니 故로 其
능지   인개지아소이승지형   이막지오소이제승지형   고   기

戰勝不復이니 而應形於無窮이니라.
전승불부   이응형어무궁

◀ 한자 풀이 ▶

策 꾀 책, 角 각축 각, 極 다할 극, 窺 엿볼 규, 錯 섞일 착,
應 응할 응, 窮 다할 궁.

번 역

그러므로 (책략을) 헤아려서 득실의 계략을 알고 지어서(작동해서) 동정의 이치를 알고 형세를 보여서 생사(生死)의 지를 알고 각축(정찰)을 해서 유여(남음)와 부족의 허점을 아느니라. 그러므로 군사의 형체를 보여주는 것의 극단적인 장점은 형체가 없는 데에 이르는 것이니, 형체가 없으면 깊이 끼어드는 간첩이라도 능히 엿보지 못하고 지혜로운 자도 능히 모략을 행할 수 없느니라. 형체를 말미암아서 대중에 대해서 승전의 기틀을 놓게 되지만 대중이 능히 알 수 없느니라. 내가 승리하는 바의 형세를 남이 모두 알게 되지만 내가 승리를 제어하는 바를 아무도 알지 못한다. 그러므로 그 전쟁이 승리하게 되면 다시 행하지 않으니, 무궁한 데에 군사의 형세를 응

하게 되느니라.

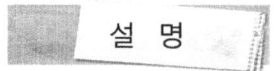

설 명

적진(敵陣)을 분석·판단하여 작전의 득실을 알고, 적을 자극 시켜서 작전 행동의 일정한 규율과 방식을 알고, 군형을 드러내도록 하여 그들이 포진한 지형이 전투에 유리한가? 불리한가를 알고, 적을 건드려 그 힘을 시험해 봄으로써 그들의 병력·부서의 허술한 곳과 충실한 점을 알아낸다. 그러므로 전투 형태의 극치는 무형 곧 형체가 없다는 것이다. 무형이면 깊이 파고 들어온 간첩이라도 엿볼 수 없으며, 적의 지혜로운 사람도 전략을 세울 수가 없다. 그 무형으로 인한 전승을 널리 대중(大衆), 곧 병사들에게 보이더라도 그들은 알지를 못한다. 모두가 아군이 승리한 작전 방식은 알지만, 승리의 원인이 된 무형의 방법은 알지 못한다. 한 번 승리한 방법은 두 번 다시 사용하지 않으며(곧 같은 형태로써 두 번 다시 싸우지 않으며) 때와 장소에 따라 적군에게 대응하는 형태는 무궁무진하다.

◀ 원문 ▶

夫兵形象水라 水之形은 避高而趨下하고 兵之形은 避實而擊虛라.
부병형상수 수지형 피고이추하   병지형   피실이격허

水는 因地而制流하고 兵은 應敵而制勝이라.
수   인지이제류   병   응적이제승

故로 兵은 無常勢하고 水는 無常形하니,
고   병   무상세   수   무상형

能因敵變化而取勝者를 謂之神이니라. 故로 五行은 無常勝하고
능인적변화이취승자   위지신   고   오행   무상승

四時는 無常位하며 日有短長하고 月有死生이니라.
사시   무상위   일유단장   월유사생

◀ 한자 풀이 ▶

象 본뜰 상, **形** 모양 형, **避** 피할 피, **趨** 달릴 추, **勢** 기세 세,
流 흐를 류, **應** 응할 응, **變** 변할 변, **位** 자리 위, **短** 짧을 단,
長 길 장.

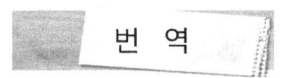

번 역

　　무릇 군대의 형세는 물을 본뜨는지라. 물의 모양은 높은 곳을 피해서 낮은 곳으로 내달려 가고 군대의 형세는 실한 곳을 피하고 허한 데를 치는지라. 물은 땅을 말미암아서 흐름을 제어하게 되고 군대는 적으로 말미암아서 승리를 제어하느니라. 그러므로 군대는 일정한 형세가 없고 물도 일정한 형체가 없으니 능히 적을 말미암아서 변화해서 승리를 취하는 자를 이르기를 신이라 하느니라. 그러므로 오행(금,목,수,화,토)은 일정한 승리가 없는 법이요 사계절은 항상 정해진 위치가 없으며, 해는 계절에 따라 길고 짧으며 달은 차고 기움이 있다.

설 명

무릇 군대[전쟁]의 형태는 물과 같다. 물의 형태는 높은 곳을 피하고 낮은 곳으로 흐르고, 군대[전쟁]의 형태는 충실한 곳을 피하고 허술한 곳을 공격한다. 물은 지형에 따라 흐름이 정하여지고, 군대[전쟁]는 적의 사정에 따라 승리가 정해진다. 그러므로 군대는 일정한 태세가 없고, 물도 일정한 형태가 없다. 적군의 상황에 따라서 변화시키면서 승리를 취하는 것이 곧 신(神)의 경지이다. 이는 곧 오행(五行)에 항상 이기는 원기가 없고, 사시(四時)에 변치 않는 계절이 없으며, 해도 계절에 따라 짧은 날 긴 날이 있고, 달도 차고 기움이 있다.

오나라 왕 부차 앞에서 춤추는 서시

제6권 <종합>

◀ 상대방의 대응에 따라 전술은 바뀌어야 한다. ▶

전쟁을 유리하게 이끌기 위해서는 무엇보다도 먼저 주도권을 잡는 일이 중요하다. 곧 상대방의 작전에 말려들지 않고, 우리쪽 작전에 말려들게 하지 않으면 안 된다. 적군의 태도에 여유가 있어 보이면, 수단을 써서 분주히 돌아다니게 해서 피로하게 만들어야 한다. 적의 식량이 충분하면, 보급로를 끊어서 굶주리게 한다. 적의 방비가 완전하면 계략을 써서 흐트러뜨린다. 진격할 때는 허술한 곳을 무찔러서 막을 수 없게 하고, 후퇴할 때는 신속히 하여 쫓아오지 못하게 한다. 아군은 집중하고 적은 분산시키면서 싸우는 것이 효과적인 전법이다. 물이 높은 곳을 피하여 낮은 곳으로 흐르듯이, 충실히 방비하는 적을 피하고 허술히 방비하는 쪽을 친다. 물이 일정한 형태가 없는 것처럼, 전쟁의 전술도 동일한 것이 없다. 해와 달이 시기에 따라 변화가 있듯이 전쟁의 방법도 적의 대응에 따라 달리해야 한다.

제7권 軍爭篇(군쟁편)
- 군대가 싸우는 편 -

◀ 원문 ▶

孫子曰　凡用兵之法은 將受命於君하여 合軍聚衆하고 交和而舍이니,
손자왈　범용병지법　장수명어군　　합군취중　　교화이사

莫難於軍爭이니라. 軍爭之難者는 以迂爲直하고 以患爲利니라.
막난어군쟁　　　군쟁지난자　이우위직　　이환위리

故로 迂其途하여 而誘之以利하고 後人發하여 先人至하니
고　 우기도　　 이유지이리　　 후인발　　 선인지

此가 知迂直之計者也니라.
차　 지우직지계자야

◀ 한자 풀이 ▶

軍 군사 군, 爭 다툴 쟁, 受 받을 수, 君 임금 군, 聚 모일 취,
交 사귈 교, 舍 집 사, 迂 멀 우, 直 곧을 직, 患 근심 환,
途 길 도, 誘 꾈 유, 後 뒤 후, 發 쏠 발, 計 계략 계.

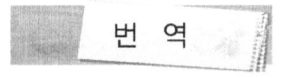
번 역

　　손자가 말하였다. 무릇 용병의 술법은 장수가 명령을 임금으로부터 받아서 군사를 합하고 대중을 모아서 서로 화합시켜서 막사에 모이게 하는 것이니 적군과 다투는 것보다 어려운 것이 없느니라. 적군과 다투는 어려운 점은 빙둘러가는 것으로써 굳은 것을 삼고 환난으로써 이익을 삼아야 하느니라. 그러므로 그 길을 우회해서 유인하기를 이익으로써 하고 남이 출발하는 것보다 뒤지면서도 남이

이르러 가는 것보다 먼저 가는 것이니, 이것이 (우회하느냐? 직행하느냐?의) 계략을 아는 경우이니라.

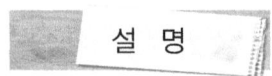

　무릇 전쟁을 수행하는 전술은, 장수가 임금의 명령을 받아 백성을 징집하여 군대를 편성하여 서로 화합시키고 전선에 나아가서 진지를 구축하고 적군과 대치함이니, 이 모두가 쉬운 일이 아니다. 그 중에서도 승리를 다투어 싸우는 것보다 더 어려운 것은 없다. 전쟁의 어려움은, 돌아가는 길을 직행하는 길인 듯이 하고, 환난을 이로움으로 만드는 데 있다. 그러므로 그 길은, 우회하기도 하고, 이익으로써 적을 유인도 하며, 적보다 늦게 출발하고서도 먼저 도달한다. 이런 사람이 계략을 아는 것이다.

제7권 軍爭篇(군쟁편) 75

◀ 원문 ▶

故로 軍爭이 爲利요, 軍爭이 爲危니 擧軍而爭利면 則不及하고 委軍而爭
고   군쟁   위리   군쟁   위위   거군이쟁리   즉불급   위군이쟁

利이면 則輜重이 捐하니라. 是故로 券甲而趨하여 日夜를 不處하고 倍道
리   즉치중   연   시고   권갑이추   일야   불처   배도

兼行하여 百里而爭利면 則擒三將軍이라.
겸행   백리이쟁리   즉금삼장군

勁者는 先하고 疲者가 後하리니 其法이 十一而至니라.
경자   선   피자   후   기법   십일이지

五十里而爭利면 則蹶上將軍이요, 其法은 半至하니라.
오십리이쟁리   즉궐상장군   기법   반지

三十里而爭利면 則三分之二至니라. 是故로 軍無輜重이면 則亡하고
삼십리이쟁리   즉삼분지이지   시고   군무치중   즉망

無糧食이면 則亡하고 無委積이면 則亡이니라.
무량식   즉망   무위적   즉망

◀ 한자 풀이 ▶

危 위태할 위, 擧 들 거, 委 맡길 위, 輜 짐수레 치, 亡 망할 망,
重 무거울 중, 捐 버릴 연, 券 말아올릴 권, 趨 다릴 추,
倍 갑절 배, 兼 겸할 겸, 擒 사로잡을 금, 勁 굳셀 경,
疲 지칠 피, 蹶 넘어질 궐, 輜 짐수레 치, 委 맡길 위,
積 쌓을 적.

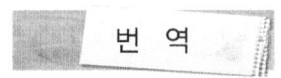

그러므로 군사의 다툼이 이익이 될 수 있고, 군사의 다툼이 위태
로움이 될 수 있으니, 군사를 다 들어서(통틀어서) 이익을 다투게
되면 원래의 목표에 미치지 못하고 군사를 버리고서 이익을 다투게
되면 무거운 것을 짐수레 실은 부대가 버려지느니라. 이런 까닭에

갑옷을 말아서 내달려 가서 밤낮을 쉬지 않고 길을 갑절로 가고 아울러서 행하여 백 리를 가서 이익을 다투게 되면 (아군의) 3군의 장군을 사로잡히게 하느니라. 굳센 자는 앞서가고 피로한 자는 뒤에 쳐질 것이니 그 법이 열에 하나쯤 되어 이르러 가게 되느니라. 오십 리를 달려가서 이익을 다투면 상장군을 거꾸러지게 할 것이니 그 용병법이 반만 이르러 가느니라. 30리를 달려가서 이익을 다투면 3분의 2에 이르러 가게 되느니라.(피해가 적어진다) 이런 까닭에 군에 무거운 것을 짐수레로 나는 일(수송 부대)이 없으면 망하게 되고, 식량이 없으면 망하게 되고, 쌓아 놓은 군수 물자가 없으면 망하느니라.

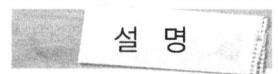

군사의 다툼은 이익이 되기도 하고 위험이 되기도 한다. 그러므로 전군(全軍)이 이익을 다투게 되면 원래의 목표에 미치지 못하고, 일부 군대에 맡기어 이익을 다투려 하면 군수품을 나르는 부대를 잃게 된다. 그러므로 갑옷을 벗고 걸음을 재촉하고, 밤낮을 쉬지 않고 두배의 길을 행군하여, 백 리를 가서 승리를 다투면 삼군의 장군이 적에게 사로잡힌다. 굳센 자는 먼저 가고 피로한 자는 뒤 처지며 그 비율은 열에 하나만이 도착하느니라. 50리를 가서 승리를 다투면 상장군(上將軍)을 잃게 되고, 그 비율은 절반에 이르게 된다. 30리를 가서 이익을 다투면 3분의 2가 도착하여, 피해가 적어진다. 그러므로 군대에 수송 보급이 없으면 망하고, 식량이 없으면 망하고, 쌓아둔 군수물자가 없으면 망한다.

◀ 원문 ▶

故로 不知諸侯之謀者는 不能豫交요, 不知山林險阻, 沮澤之形者는 不能
고   부지제후지모자   불능예교 부지산림험조 저택지형자 불능

行軍하고 不用鄕導者는 不能得地利하니라. 故로 兵은 以詐立하고 以利
항군   불용향도자 불능득지리   고 병 이사립   이리

動하고 以分和爲變者也니라. 故로 其疾을 如風하고 其徐를 如林하고
동   이분화위변자야   고 기질 여풍   기서 여림

侵掠을 如火하고 不動을 如山하고 難知를 如陰하고 動如를 雷震하니라.
침략 여화   부동 여산   난지 여음   동여 뇌진

掠鄕하야 分衆하고 廓地하야 分利하고 懸權而動하니라.
약향   분중   곽지   분리   현권이동

先知迂直之計者가 勝하나니 此가 軍爭之法也니라.
선지우직지계자 승   차 군쟁지법야

◀ 한자 풀이 ▶

豫 미리 예, **險** 험할 험, **阻** 험할 조, **沮** 막을 저, **詐** 속일 사,
疾 빠를 질, **徐** 천천히 할 서, **侵** 침노할 침, **掠** 노략질 할 략,
雷 우레 뇌, **震** 벼락 진, **廓** 둘레 곽, **懸** 매달 현, **權** 저울추 권.

번 역

　그러므로 제후들 간의 모략을 알지 못하는 자는 능히 미리 교분(외교)을 할 수 없고 산림이 얼마나 험한지 늪과 못의 형세를 알지 못하는 자는 군을 행군할 수 없고 고을의 길을 안내자를 쓰지 못하는 자는 지세의 이로움을 터득할 수 없느니라. 그러므로 군무는 속임수로써 확립되고 이익으로써 움직이고 나누느냐 합하느냐로써 변화를 삼느니라. 그러므로 그 빠르기를 마치 바람과 같이 하고 그 천천히 가기를 마치 수풀과 같이 하고 침노하는 것과 약탈하는 것을

불과 같이 하고 움직이지 않기를 산과 같이 하고 알기 어렵게 하기를 마치 그늘진 것 같이 하고 움직이기를 마치 벼락치듯이 하느니라. 그 고을에서 약탈해서 대중들에게 나누어 주고 땅을 넓혀서 이익을 나누어 주고 저울추를 달아서 움직임이니라. 우회하느냐? 직행하느냐? 하는 그 계책을 아는 자가 이기나니 이것이 군사로서 다투는 법이니라.

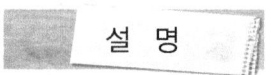

그러므로 제후의 꾀를 모르는 자는 미리 외교 교섭을 맺지 못하고, 산림의 험준함과 습지대의 지형을 알지 못하는 자는 군대를 행군시키지 못하고, 그 지방의 길을 잘 아는 토착민(향도)을 고용하지 않고서는 지세의 이로움을 활용하지 못한다. 그러므로 전쟁은 속임수로써 성립하고, 이이으로써 움지이며, 분산과 집합으로써 변화를 일으키는 것이다. 따라서 군사 작전시 그 신속함은 바람과 같고, 그 고요함이 숲풀과 같이 하고, 약탈함이 불과 같이 하고 움직이지 않음이 산과 같이 하고, 알기 어려움이 그늘진 것 같이 하고, 움직이는 것이 벼락치는 것 같이 한다. 싸워 빼앗은 것을 그곳 백성들에게 나누어주고, 땅을 확장하여 얻은 이익을 분배하고, 끊임없는 변화에 마치 저울추가 움직이 듯이 유의하며 행동할 일이다. 우회하느냐? 직행하느냐?의 계책을 아는 자가 이기는 것이니, 이는 군대 전쟁의 법칙인 것이다.

◀ 원문 ▶

軍政에 曰 言에 不相聞하니 故로 爲鼓金하니라. 視에 不相見하니
군정   왈 언   불상문   고   위고금   시   불상견

故로 爲旌旗하니라. 夫金鼓旌旗者는 所以一人之耳目也이니
고   위정기   부금고정기자   소이일인지이목야

人旣專一이면 則
인기전일   즉

勇者가 不得獨進하고 怯者가 不得獨退하니 此가 用衆之法也니라.
용자   부득독진   겁자   부득독퇴   차   용중지법야

故로 夜戰에 多火鼓요 晝戰에 多旌旗가 所以變人之耳目也니라.
고   야전   다화고   주전   다정기   소이변인지이목야

◀ 한자 풀이 ▶

鼓 북 고, 視 볼 시, 見 볼 견, 旌 기 정, 旗 기 기, 獨 홀로 독,
晝 낮 주, 變 변할 변.

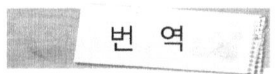

군정이라는 책에 말하기를, 말해도 서로 듣지 못하니 그러므로 북치는 일과 징치는 일을 행하느니라. 보아도 서로 보지 못하니 그러므로 화려한 깃발과 깃발을 휘두르니라. 무릇 징과 북, 화려한 깃발은 남의 이목을 하나로 일치 시키는 바이니, 사람이 오로지 하나가 되면 용맹 있는 자라도 홀로 진격할 수 없고 겁 많은 사람이 홀로 물러나려고 해도 물러날 수 없으니 이것이 대중을 쓰는 법이다. 그러므로 밤에 싸우는 때에 불과 북이 많고 낮에 싸우는 때에 깃발이 많은 것은 사람들의 이목을 변화시키는 방법이니라.

설 명

옛 병서인 『군정』에, 명령을 내려도 군졸들이 서로 듣지를 못하므로 징과 북을 쳐서 소리를 냈고, 보려 해도 군졸들이 서로 보지를 못하므로 깃발을 만들었다라고 하였다. 무릇 징과 북 또는 깃발은 군졸들의 이목을 통일하기 위함이다. 군졸들이 이미 하나로 통일되면 곧 용감한 자도 제 혼자서는 전진하지 못하며, 비겁한 자도 제 혼자서는 후퇴하지 못하니, 이는 많은 군졸들을 활용하는 방법이다. 그러므로 야전에는 횃불과 북을 많이 사용하고, 대낮의 전투에는 깃발을 많이 사용하는데, 이는 군졸들의 이목을 변화시키는 방법이다.

월왕전의 옆모습이다.

제7권 軍爭篇(군쟁편) 81

◀ 원문 ▶

故로 三軍은 可奪氣요, 將軍은 可奪心이니 是故로 朝氣는 銳하고 晝氣는
고   삼군   가탈기   장군   가탈심   시고   조기   예   주기

惰하며 暮氣는 歸하나니라. 故로 善用兵者는 避其銳氣하여 擊其惰歸니 此가
타   모기   귀   고   선용병자   피기예기   격기타귀   차

治氣者也니라. 以治로 待亂하고 以靜으로 待譁니라. 此가 治心者也니라.
치기자야   이치   대난   이정   대화   차   치심자야

以近待遠하고 以佚待勞하고 以飽待飢라. 此가 治力者也니라.
이근대원   이일대노   이포대기   차   치력자야

無邀正正之旗하며 無擊堂堂之陣하니 此가 治變者也니라.
무요정정지기   무격당당지진   차   치변자야

◀ 한자 풀이 ▶

奪 빼앗을 탈, 銳 날카로울 예, 惰 게으를 타, 暮 저물 모,
歸 돌아갈 귀, 避 피할 피, 擊 부디칠 격, 待 기다릴 대,
亂 어지러울 난, 靜 고요할 정, 譁 시끄러울 화, 佚 편안할 일,
勞 일할 로, 飽 배부를 포, 飢 굶주릴 기, 邀 맞을 요,
陣 진영 진, 變 변할 변.

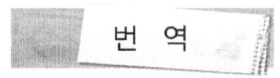

　　그러므로 삼군(큰 군사)은 가히 기운을 빼앗을 수 있고 장군은
가히 마음(뜻)을 빼앗을 수 있으니 이런 까닭에 아침 기운은 예리하
고 낮의 기운은 게을러지고 저물녘의 기운은 돌아가고 싶으니라. 그
러므로 용병을 잘하는 자는 날카로운 기세를 피하여 그 게으르고
돌아가고 싶은 마음을 격파하는 것이니 이것이 기(氣)를 다스리는
것이니라. 다스림으로써 어지러움을 기다리고 고요함으로써 시끄러
움을 기다리니 이것이 마음을 다스리는 것이니라. 가까운 것으로써

먼 것을 기다리고 편안한 것으로써 피로한 것을 기다리고 배부름으로써 굶주림을 기다리니 이것이 힘을 다스리는 것이니라. 당당한 깃발을 맞이하지 말고 당당한 군진을 공격하지 말아야 하니 이것이 다스리는 변수이니라.

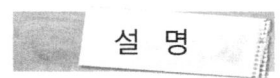

　그러므로 적군의 사기를 빼앗을 수 있고, 적장의 충성심을 빼앗을 수 있다. 이런 까닭으로 아침에는 기세가 날카롭고, 낮에는 기세가 나태해지고, 저녁에는 기세가 없어진다. 그러므로 군사를 잘 쓰는 자는 그 날카로운 기세를 피하고, 나태하며 없어져 가는 기세를 공격한다. 이것이 기(氣)의 다스림이다. 아군은 잘 정돈된 태세로써 적의 혼란됨을 기다리고 고요함으로써 시끄러움을 기다리니, 이것이 마음을 다스리는 것이다. 가까운 곳에서, 적이 먼 곳에서 오기를 기다리고, 편안함으로써 적이 피로하기를 기다리며, 배부름으로써 적이 배고프기를 기다리니, 이것이 힘을 다스리는 것이다. 적의 깃발이 질서 정연한 정돈된 군대하고는 싸우지 않으며, 적의 진영이 당당할 때면 이를 맞아 싸우지 말아야 한다. 이것이 군대를 다스리는 변수라고 할 것이다.

◀ 원문 ▶

故로 用兵之法은 高陵을 勿向하고 背丘를 勿逆하니라. 佯北勿從하고 銳
고   용병지법   고릉   물향   배구   물역   양배물종   예

卒勿攻하니라. 餌兵을 勿食하고 歸師를 勿遏하니라.
졸물공   이병   물식   귀사   물알

圍師를 遺闕하고 窮寇를 勿迫하니라. 此가 用兵之法也니라.
위사   유궐   궁구   물박   차   용병지법야

◀ 한자 풀이 ▶

陵 큰 언덕 릉, 勿 말 물, 背 등 배, 逆 거스를 역, 佯 거짓 양,
北 도망갈 배, 餌 먹이 이, 師 군사 사, 遏 막을 알, 圍 둘레 위,
遺 남길 유, 闕 궐할 궐, 窮 궁구할 궁, 寇 도둑 구,
迫 다그칠 박.

그러므로 용병법은 높은 언덕을 향하지 말고 언덕을 등진 것을 거슬러 올라가지 말라. 거짓으로 패배해서 달아나는 것을 쫓지 말고 예리한 병졸(정예부대)을 공격하지 말 것이니라. 낚시 먹이로 던져 준 병사를 먹지 말고 돌아가는 많은 군사를 막지 말 것이니라. 에워 싼 군사를 반드시 빠뜨리고(퇴로를 만들어 주고) 궁벽한 원수를 핍박하지 말 것이니라. 이것이 용병법이니라.

설 명

용병술은, 고지를 점령하고 있는 적과 싸우지 말고, 언덕을 등지고 있는 적을 맞이하여 싸우지 말며, 거짓 도망치는 적을 쫓아가지 말고, 사기 왕성한 정예부대를 공격 하지 말며, 미끼로 던진 적군을

먹지 말고, 귀국하는 많은 부대를 가로막지 말며, 적군을 포위할 때는 반드시 퇴로를 만들어 주고, 궁지에 몰린 적은 공격하지 말지니라. 이것이 군사들을 다스리는 방법이다.

저라산 서시의 옛집 입구의 모습이다

제7권 <종합>

◀ 이기기 위해서는 유리한 입장을 만들어야 한다. ▶

　이기기 위한 조건을 만들기 위해서는 술책을 써서 불리한 조건을 유리하게 만들어야 한다. 군사 작전의 근본은 적을 속이는 일이다. 유리한 상황 아래서 행동하여, 병력을 분산시키기도 하고 집중시키기도 하며, 상황에 따라서 변화시킬 수 있어야 한다. 적의 사기가 왕성할 때면 싸움을 피하고, 적의 사기가 떨어졌을 때에 이를 친다. 아군은 태세를 갖추고서 적의 사기가 떨어졌을 때를 기다리고, 끈기 있게 견디면서 적의 움직임을 지킨다. 유리한 곳에 포진하여 멀리서 오는 적을 맞이하고, 충분한 휴식을 취하고서 적이 지치기를 기다리며, 배불리 먹고서 적이 굶주리기를 노린다. 대오를 정비하고 진격해 오는 적, 강한 진을 친 적과는 싸움을 피한다.

제8권 九變篇(구변편)
- 아홉 가지로 변화한다는 편 -

◀ 원문 ▶

孫子曰 凡用兵之法은 將受命於君하여 合軍聚衆이니 圮地에 無舍요, 衢
손자왈 범용병지법   장수명어군   합군취중   비지 무사   구

地에 交和요 絶地에 勿留요, 圍地則謀요, 死地則戰이라. 途有所不由하고
지 교화 절지 물류   위지즉모   사지즉전   도유소불유

軍有所不擊하고 城有所不攻하고 地有所不爭하고 君命도 有所不受니라.
군유소불격   성유소불공   지유소부쟁   군명 유소불수

故로 將通於九變之利者는 知用兵矣니라.
고   장통어구변지리자   지용병의

將不通於九變之利는 雖知地形이라도 不能得地之利矣니라.
장불통어구변지리   수지지형   불능득지지리의

治兵에 不知九變之術이면 雖知地利나 不能得人之用矣니라.
치병   부지구변지술   수지지리   불능득인지용의

◀ 한자 풀이 ▶

九 아홉 구, 變 변할 변, 將 장수 장, 受 받을 수, 聚 모을 취,
衆 무리 중, 圮 무너질 비, 舍 버릴 사, 衢 네거리 구,
絶 끊을 절, 留 머무를 류, 圍 두를 위, 謀 꾀할 모, 戰 싸울 전,
途 길 도, 由 말미암을 유, 擊 부딪칠 격, 攻 칠 공, 爭 다툴 쟁,
通 통할 통, 變 변할 변, 雖 비록 수, 利 이로울 리, 術 꾀 술.

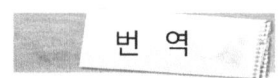

손자가 말하였다. 용법의 법은 장수가 임금으로부터 명을 받아서

군사를 모으고 대중을 모으는 것이니, 무너지는 땅[비지]에는 주둔하지 말고 사통팔달의 땅[구지]에 외교 관계를 맞추어야 하고 고립될 수 있는 땅[절지]에는 주둔시키지 말고 에워싸인 땅[위지]에는 모면할 것을 꾀해야 하고 죽을 수밖에 없는 땅[사지]에는 필사적으로 싸워야 하느니라. 길에는 말미암지 않을 바가 있고, 군에는 쳐서는 안 될 바가 있고, 성에는 공격하지 않을 바가 있고, 땅에는 다투지 않아야 할 바가 있고, 임금의 명령도 받지 않을 바가 있느니라. 그러므로 장수로서 아홉 가지 변화에 이로움에 통달하지 못한 자는 비록 지형을 알기는 하지만 능히 지세의 이로움을 얻을 수 없느니라. 군사를 다스림에 아홉 가지 변화의 전술을 알지 못하면 비록 다섯 가지의 이로움을 알더라도 능히 사람 쓰는 법을 터득할 수 없느니라.

설 명

무릇 전쟁을 수행하는 방법은, 장수가 임금의 명령을 받아 군사를 징집하여 대중을 모으는 것이다. 비지(圮地) 곧 지형이 좋지 못하여, 작전 행동이 곤란한 곳에는 주둔하지 말아야 하며, 구지(衢地) 곧 교통의 요지로 외국 세력이 침투된 곳은 외교로써 잘 합의를 보아야 하며, 절지(絶地) 곧 본국과의 연락과 생활이 불편한 곳에서는 오래 머무르지 않아야 하며, 위지(圍地) 곧 사방이 산이나 내로 둘러싸인 곳에서는 계략을 써서 조속히 벗어날 수밖엔 없으며, 사지(死地) 곧 나갈 수도 물러설 수도 없는 곳에 들어갔을 때는, 필사적으로 싸워야 한다. 길에도 가서는 안 되는 길이 있고, 적과도 싸워서는 안 되는 적이 있고, 성에도 공격하여서는 안 되는 성이 있고, 땅에도 다투어서는 안 되는 땅이 있고, 임금의 명령에도 들어서는 안 되는 명령이 있다. 그러므로 장수가 아홉 가지 변화에 따르는 이익에 능통하면 용병을 아는 것이요, 장수가 아홉 가지 변화에 따르는 이익에 능통하지 못하면, 비록 땅의 형세를 알고 있더라도 지세의 이익을 얻지 못한다. 군사를 다스림에 있어서 아홉 가지 변화(비지, 구지, 절지, 위지, 사지, 도(途), 군(軍), 성(城), 지(地)의 전술을 알지 못하면 비록 다섯 가지의 이로움(비지, 구지, 절지, 위지, 사지)을 알고 있어도 군사들을 활용하지 못하는 것이다.

서시전 안에 "하화신녀' 곧 연꽃신녀로 신격화된 서시의 모습이다.

◀ 원문 ▶

是故로 智者之慮에는 必雜於利害니라. 雜於利이 而務可信也하고 雜於害
시고 지자지려 필잡어리해   잡어리 이무가신야   잡어해

而患可解也니라. 是故로 屈諸侯者는 以害요, 役諸侯者는 以業이요, 趣諸
이환가해야   시고 굴제후자   이해 역제후자   이업   추제

侯者는 以利니라. 故로 用兵之法은 無恃其不來하고 恃吾有以待也며
후자   이리   고   용병지법   무시기불내   시오유이대야

無恃其不攻하고 恃吾有所不可攻也니라.
무시기불공   시오유소불가공야

◀ 한자 풀이 ▶

故 까닭 고, **慮** 생각할 려, **雜** 섞일 잡, **害** 해칠 해, **務** 힘쓸 무,
信 믿을 신, **患** 근심 환, **解** 풀 해, **屈** 굽을 굴, **役** 부릴 역,
業 생계 업, **趣** 다릴 추, **恃** 믿을 시, **待** 기다릴 대, **攻** 칠 공.

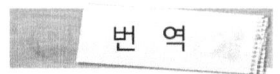
번 역

 이런 까닭에 지혜로운 자의 사례에는 반드시 이해관계가 섞이었느니라.(해로움과 이로움을 다 예상하는 것) 이로움이 뒤섞여 있으니 가히 신뢰할 만한 일을 힘써야 하고 해로움도 섞여 있으니 가히 해결할 수 있는 방법을 근심해야 하느니라. 이런 까닭에 제후들을 굽히려고 하는 것은 해로움으로써 하고, 제후들을 부리는 것(노역을 시키는 것)은 업(쌀, 소금 등이 생기게 하는 것)으로써 하고, 제후들을 내달려 오게 하는 것은 이익으로써 하느니라. 그러므로 용법의 법은 (적군이) 그 오지 않을 것을 믿지 말아야 하고 아군이 기다릴 수 있음을 믿어야 하며(자신감으로 적군을 기다림) (적군이) 그 공격하지 않으리라는 것을 믿지 말고, 우리 아군을 쳐봤자(공격해 보아도) 소용이 없다는 것을 믿어야 되느니라.

설 명

이런 까닭으로, 지혜로운 자의 생각에는 반드시 이로움과 해로움이 섞여 있다. 유리한 상황에서도 불리할 경우를 생각하므로, 하는 일이 발전할 수 있다. 또한 상황이 해로울 때도 유리함이 섞여 있기 때문에 환난을 해소할 수 있는 방법을 생각해야 한다. 따라서 제후들을 굴복시키는 데에는 해로움으로써 하고, 제후를 부리는 데에는 생필품[쌀소금 등]이 생기는 것으로써 하며, 제후를 달려 나오게 하는 데에는 이익으로써 한다. 그러므로 전쟁을 잘하는 방법은, 적군이 오지 않으리라는 것을 믿지 말고, 아군이 태세를 갖추고 적군을 기다려야 하며, 적군이 공격하지 않으리라는 것을 믿지 말고, 우리 아군을 공격해 보아도 소용이 없다는 것을 믿게 하여야 한다.

◀ 원문 ▶

故로 將有五危하니 必死可殺也요, 必生可虜也라. 忿速可侮也요, 廉潔可
고　　장유오위　　　필사가살야　　필생가노야　　분속가모야　　렴결가

辱也요, 愛民에 可煩也니라. 凡此五者는 將之過也요, 用兵之災也라.
욕야　애민　가번야　　　범차오자　　장지과야　　용병지재야

覆軍殺將은 必以五危니 不可不察也니라.
복군살장　　필이오위　　불가불찰야

◀ 한자 풀이 ▶

將 장수 장, **危** 위태할 위, **殺** 죽일 살, **虜** 사로잡을 노,
忿 성낼 분, **侮** 깔볼 모, **廉** 청렴할 렴, **潔** 깨끗할 결,
辱 욕되게 할 욕, **煩** 괴로워할 번, **過** 허물 과, **災** 재앙 재,
覆 뒤집힐 복, **察** 살필 찰.

번 역

그러므로 장수에게는 다섯 가지 위험이 있으니, 반드시 내가 죽게 되었을 때 가히 내 스스로를 죽게 할 수 있게 하여야 하고, 반드시 살아야 할 때는 스스로를 사로잡히게 할 수 있어야 하며, 성내기를 속히 함에 가히 모욕당할 수도 있고, 모나고 깨끗함에 가히 스스로를 욕되게 할 수 있고, 백성들을 사랑함에 스스로를 번거롭게 할 수 있느니라.(다 살려고 하면 전쟁에 질 수 있다) 무릇 이 다섯 가지는 장수의 허물이요, 용병의 재앙이니라. 자기 군사를 전복시키고 장수를 죽게 하는 것은 반드시 다섯 가지 위험으로써 하니 가히 자세히 살피지 않아서는 안 되느니라.

설 명

장수에게는 5가지 위험이 있다. 헛되이 반드시 죽고자 하면 살해하려는 적의 함정에 빠진다. 살려고 허둥대면 적의 포로가 될 수 있다. 성을 잘 내고 조급하면 적의 계략에 수모를 당하게 된다. 너무 청렴결백하려 들면 오히려 욕되게 할 수 있다. 지나치게 백성을 아껴 다 살려고 하면 전쟁에 패배할 수도 있다. 무릇 이 다섯 가지는 장수가 범하기 쉬운 위험이요, 전쟁 수행에 따르는 재앙이다. 군을 멸망케 하고 장수를 죽음으로 몰아넣는 것이 다섯 가지 위험에 달려 있으니, 자세히 살피지 않으면 안 된다.

서시 집 앞 완사계 건너편의 풍경

제8권 <종합>

◀ 장수는 종합적 판단과 냉철한 태도가 필요하다. ▶

길에는 가서는 안 되는 길이 있고, 성에도 공격해서는 안 되는 성이 있다. 또한 땅에는 빼앗아서는 안 되는 땅이 있고, 군주의 명령에도 따라서는 안 되는 명령이 있다. 이런 문제를 잘 판단하고, 적절한 작전 계획을 세우는 것이 장수된 자의 임무이다. 만일에 그러하지 못하다면, 부하들을 부릴 수 없을 것이다. 또한 장수는, 반드시 이익과 손실이라는 양면을 저울질하며 사태에 대처하지 않으면 안 된다. 적군이 쳐들어오지 않기를 바라는 것이 아니라, 적군으로 하여금 공격을 단념시킬 그런 방비를 하여야 한다. 장수는 스스로가 반드시 죽음에 임하는 자세로 전쟁에 참여해서는 안 된다. 부하들로 하여금 필사적(必死的)이 되게 하여, 사지로 내몰 수 있기 때문이다. 그래서 장수는 종합적인 판단과 냉정한 태도로써 현실 문제에 대처해야 한다.

어느 한 가지에만 골몰하면, 여유를 잃고 만다. 장수에게 있어서 바람직한 것은 종합적인 판단력이며 전체를 바라보는 감각이다. 가령, 필사(必死)라는 것에 대하여서만 하더라도, 죽음의 부정적 의미보다는 최선을 다한다는 뜻도 있다. 그러나 그것에만 몰두하면 오히려 손해되는 면이 더 많다. 장수에게 필요한 것은 자기 스스로가 필사적이 되는 것보다는 부하들로 하여금 필사적이게 하는 일이다. 이렇게 만드는 것이 장수의 임무이다.

깨끗함이나 백성을 사랑하는 것은 원래는 미덕이다. 청렴결백함과 애민 정신은 장수의 필수 조건이기 때문이다. 그러나 이에 얽매이면 오히려 그것이 약점이 될 수 있다. 작은 것을 지키려다 큰 것을 잃게 할 수 있기 때문이다. 나라가 멸망하고 장군이 시해되는 것은 언제나 여기의 다섯 항목이 야기하는 치명적인 결함 때문이다. 장군으로서는 이것을 충분히 고려하지 않으면 안 될 것이다. 이 다섯 가지를 잘 살피고 극복한다면 위대한 장수가 될 것이다.

서시 집에 조각되어 있는 오나라의 왕 구천과 재상 문종 그리고 책사 범려의 모습이다. 서시라는 미인계는 범려의 계책에서 나온 것이다.

제9권 行軍篇(행군편)
- 군사를 행한다는 편 -

◀ 원문 ▶

孫子曰 凡處軍相敵에 絶山依谷이요, 視生處高며 戰隆에 無登이니 此處
손자왈 범처군상적   절산의곡   시생처고   전륭 무등   차처

山之軍也니라. 絶水에 必遠水라. 敵絶水而來어든 勿迎之於水內요, 令半
산지군야   절수 필원수   적절수이래   물영지어수내   령반

濟而擊之利니라. 欲戰者는 無附于水而迎敵이요, 視生處高며 無迎水流니
제이격지리   욕전자   무부우수이영적   시생처고   무영수류

此가 處水上之軍也니라. 絶斥澤엔 惟亟去無留니라. 若交軍於斥澤之中이면
차   처수상지군야   절척택   유극거무류   야교군어척택지중

必依水草요, 而背衆樹니 此가 處斥澤之軍也니라. 平陸엔 處易하고
필의수초   이배중수   차   처척택지군야   평륙   처이

而右背高하여 前死後生이니 此가 處平陸之軍也니라.
이우배고   전사후생   차   처평륙지군야

凡此四軍之利는 黃帝之所以勝四帝也니라.
범차사군지리   황제지소이승사제야

◀ 한자 풀이 ▶

行 갈 행, **軍** 군사 군, **敵** 원수 적, **絶** 끊을 절, **依** 의지할 의,
隆 클 륭, **迎** 맞이할 영, **令** 하여금 령, **濟** 건널 제, **附** 붙을 부,
斥 물리칠 척, **澤** 못 택, **亟** 빠를 극, **樹** 나무 수, **易** 쉬울 이,
勝 이길 승, **帝** 임금 제.

번 역

손자가 말하였다. 무릇 군사를 처하게 하고 적을 살펴보는 데 있어서는, 산을 끊어서 골짜기에 의지해야 하고(계곡을 이용해야 하고) 살아 있는(무성한 초목들) 것을 보면서도 높은 곳에 처해야 하며 높은 곳과 전쟁을 하며 올라가는 일이 없어야 하니, 이것이 산에서 처하는 행군법이다. 강물을 가로 질러 건넘에 반드시 물에서 멀리 떨어져야 하고(수장될 수 있기에) 적군이 물을 끊어서 건너오면 물굽이(강물이 휘돌아 나가는 굽이)에서 맞이하지 말고 하여금 반쯤 건너게 해서 치는 것이 이롭도록 하라. 싸우고자 하는 자는 물에 덧붙여서 적을 맞이하는 일이 없어야 하고 살아 있는 것을 보는 데에는 높은 곳에 처해야 하며 물의 흐름을 맞이하는 일이 없어야 하니 이것이 물가에서 처해서 행군하는 법이니라. 갯벌과 습지를 끊어서 가는 데에는 오직 빨리 가서 머무는 일이 없어야 한다. 만약 군사를 척택지 중에서 교전하게 되면 반드시 수초에 의지해야 하고(수초에 몸을 가리고) 많은 나무들을 등져야 하니 이것이 척택지에 처하면서 행군하는 법이니라. 평평한 육지에서는 평평한 곳에 처해야 하고 오른쪽으로 높은 곳을 등지고서 초목이 죽은 것을 앞에 놓고 살아 있는 것을 뒤에 두어야 하니 이것이 평평한 육지에서 처하면서 행군하는 법이니라. 무릇 이 네 가지 행군법에서 이로움은 황제가 사방 군주들을 이긴 방법이다.

설 명

무릇 군대가 행군을 할 때는 적의 정세를 잘 살펴야 한다. 산을 지날 때는 계곡을 이용해야 하고, 시계가 시원하게 열린 높은 곳이어야 하며, 높은 곳에 진을 친 적을 향해 올라가면서 싸우지 말아야 하니, 이것이 곧 산에서 행군하는 병법이다. 강을 건너고 나서는 반드시 물에서 멀리 떨어져라. 적이 물을 건너오거든, 물속에서 이를 맞아 싸우지 말고 반쯤 건너오기를 기다렸다가 이를 공격하면 유리하다. 싸우고자 하는 자는, 물가 가까이에서 적을 맞이하여 싸우지 말고, 시계가 시원하게 열리는 높은 곳을 택하고, 강물 상류에 있는 적을 맞이하여 싸워서는 안 된다. 이것이 곧 물가에서 행군하는 병법이다. 늪지대를 건널 때는 오로지 서두를 뿐 머물러서는 안 된다. 만약에 늪지대에서 교전을 하게 되면, 반드시 수초에 의지하고 많은 나무를 등지고 싸워야 한다. 이것이 늪지대에 있어서의 군이 행군하는 병법이다. 평지에서는 편한 곳에 머무르고, 오른쪽 등 뒤에 높은 언덕을 두며, 불리한 지형을 앞으로 하고 이로운 지형을 뒤로 함이니, 이것이 곧 평지에 있어서 군대가 행동하는 병법이다. 무릇 이 네 가지 군사 행동의 이로움은 황제가 네 군주를 이긴 방법인 것이다.

◀ 원문 ▶

凡軍은 好高而惡下하고 貴陽而賤陰하며 養生而處實이며 軍無百疾이니
범군   호고이오하   귀양이천음   양생이처실   군무백질

是謂必勝이니라. 丘陵堤防엔 必處其陽하되 而右背之니 此는 兵之利요
시위필승   구능제방   필처기양   이우배지   차 병지리

地之助也니라. 上雨에 水沫至면 欲涉者는 待其定也니라. 凡地에 有絶澗,
지지조야   상우   수말지   욕섭자   대기정야   범지   유절간

天井, 天牢, 天羅, 天陷, 天隙이면 必亟去之하고 勿近也니라. 吾遠之나 敵
천정 천뇌 천라 천함 천극   필극거지   물근야   오원지   적

近之하고 吾迎之나 敵背之니라. 軍旁에 有險阻, 黃井, 葭葦, 林木, 蘙薈는
근지   오영지   적배지   군방   유험조 황정 가위 임목 예회

必謹復索之니 此는 伏姦之所也니라.
필근부색지 차   복간지소야

◀ 한자 풀이 ▶

好 좋을 호, **惡** 싫어할 오, **貴** 귀할 귀, **陽** 볕 양, **賤** 천할 천,
陰 응달 음, **養** 기를 양, **實** 열매 실, **疾** 병 질, **陵** 큰 언덕 릉,
堤 둑 제, **防** 둑 방, **背** 등 배, **助** 도울 조, **沫** 거품 말,
至 이를 지, **欲** 하고자할 욕, **涉** 건널 섭, **待** 기다릴 대,
定 정할 정, **絶** 끊을 절, **澗** 계곡 시내 간, **牢** 우리 뢰,
羅 새 그물 라, **陷** 빠질 함, **隙** 틈 극, **近** 가까울 근, **遠** 멀 원,
敵 원수 적, **旁** 두루 방, **險** 험할 험, **阻** 험할 조, **葭** 갈대 가,
葦 갈대 위, **蘙** 무성한 모양 예, **薈** 무성할 회, **謹** 삼갈 근,
復 다시 부, **索** 찾을 색, **伏** 엎드릴 복, **姦** 간사할 간.

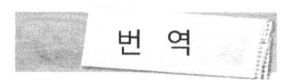

무릇 군은 높은 곳을 좋아하며 낮은 곳을 싫어하며 양지쪽을 귀

하게 여기며 음지쪽을 천하게 여기며 산 것(마소)을 길러 실한 곳(하류가 아닌 높은 곳)에 처하게 되며 군대에 온갖 질병이 없을 것이니 이런 것을 일러 반드시 이긴다고 하느니라. 구릉과 제방에는 반드시 그 양쪽에 처하되 오른쪽으로 등져야 하니 이것을 용병술의 이로움이요, 지세(지형)의 도움이니라. 상류의 비에 물이 포말이 이르러오면 건너고자 하는 자는 그 안정되기를 기다려야 하느니라. 무릇 땅이 끊어진 간수가 있고 하늘의 우물(백록담), 하늘의 우리(소우리), 하늘의 초목이 벌려진 곳, 하늘의 함정, 하늘의 틈새가 있게 되면 반드시 빨리 떠나야 하고 가까이 하지 말아야 하느니라. 내가 멀리하게 되면 적이 가까이 가게 되고 내가 맞이하게 되면 적이 등지게 되느니라. 군사의 곁에 험한 곳이 있고 웅덩이와 우물이 있고 갈대가 있고 산림이 있고 가려지고 우거진 곳은 반드시 삼가서 다시 수색해야 하니 이는 복병과 간흉이 있을 곳이니라.

설 명

무릇 군대의 주둔은, 높은 지대를 좋아하고 낮은 지대를 싫어하며, 양지쪽을 좋아하고 그늘진 곳을 싫어한다. 마소를 기르고 후생을 잘하여 기력을 충실하게 하면, 군에는 뭇 질병·재해가 있을 수 없다. 이를 필승(必勝)의 용병이라고 한다. 구릉이나 제방에는 반드시 그 양쪽에 자리 잡고, 오른쪽으로 등겨야 한다. 이것이 병법 상에 이로움이며, 지세의 효과적인 이용이다. 상류에서 비가 와서 많은 물이 흐를 때, 그 강을 건너야 할 자는 흐름이 안정되기를 기다려야 한다. 무릇 지형에는, 절벽으로 둘러싸인 험준한 계곡이 있고, 호수가 있는 분지와 산으로 둘러싸여 빠져나오기 어려운 좁은 땅, 초목이 빽빽하여 행동하기가 어려운 곳, 함정처럼 통행할 수가 없는 늪지대의 수렁, 땅이 갈라진 것 같은 험한 골짜기 등이 있으니, 이런 곳은 반드시 빨리 통과 하여야 하고 가까이 가지 말아야 한다. 아군은 이를 멀리하고 적은 이를 가까이 가도록 하며, 아군은 이를 마주하도록 하면 적이 이를 등지게 된다. 행군 중에 험준한 곳, 웅덩이와 우물이 있고, 갈대가 우거진 곳과 산림 지대, 초목의 밀생지가 있으면, 반드시 신중하게 반복하여 수색하여야 한다. 이는 적의 복병이나 첩자가 있기 쉬운 곳이기 때문이다.

서시 집 한편에는, 서시의 전설을 그림으로 새겨 놓았다

◀ 원문 ▶

敵近而靜者는 恃其險也요, 遠而挑戰者는 欲人之進也이니 其所居易者는
적근이정자   시기험야   원이도전자   욕인지진야   기소거이자

利也니라. 衆樹動者는 來也라. 衆草多障者는 疑也요, 鳥起者는 伏也요,
리야   중수동자   내야   중초다장자   의야   조기자   복야

獸駭者는 覆也니라. 塵高而銳者는 車來也요 卑而廣者는 徒來也라. 散而
수해자   복야   진고이예자   거내야   비이광자   도래야   산이

條達者는 樵採也요, 少而往來者는 營軍也니라. 辭卑而益備者는 進也요,
조달자   초채야   소이왕내자   영군야   사비이익비자   진야

辭詭而强進驅者는 退也며 輕車先出其側者는 陣也라 無約而請和者는 謀也
사궤이강진구자   퇴야   경거선출기측자   진야   무약이청화자   모야

니라. 奔走而陳兵車者는 期也며 半進半退者는 誘也니라.
       분주이진병거자   기야   반진반퇴자   유야

◀ 한자 풀이 ▶

敵 원수 적, **靜** 고요할 정, **恃** 믿을 시, **險** 험할 험, **挑** 휠 도,
衆 무리 중, **動** 움직일 동, **障** 가로막을 장, **疑** 의심할 의,
鳥 새 조, **起** 일어날 기, **獸** 짐승 수, **駭** 놀랄 해, **覆** 뒤집힐 복,
塵 티끌 진, **銳** 날카로울 예, **卑** 낮을 비, **廣** 넓을 광,
徒 거닐 도, **散** 흩을 산, **條** 가지 조, **達** 통달할 달, **誘** 꾈 유,
樵 땔나무 초, **採** 캘 채, **營** 경영할 영, **辭** 말 사, **益** 더할 익,
備 갖출 비, **進** 나아갈 진, **詭** 속일 궤, **强** 굳셀 강, **驅** 몰 구,
退 물러날 퇴, **輕** 가벼울 경, **側** 곁 측, **陣** 진영 진, **約** 묶을 약,
請 청할 청, **和** 화할 화, **謀** 꾀할 모, **奔** 달릴 분, **走** 달릴 주,
陳 늘어놓을 진, **期** 기약할 기.

번 역

　적군이 가까운데도 고요한 것은 그 험한 것을 (적군이) 믿는 것이요, (적군이) 멀리 있으면서도 싸움을 거는 것은(화살을 쏘고 화공을 가하는 것) 남(아군)이 진격해 오기를 바라는 것이다. 그 평탄한 데에 거처하는 바는 (적군이) 이롭게 여기는 까닭이니라. 많은 나무가 움직이는 것은 (적군이) 오고 있다는 것이요, 많은 풀에 장애물이 많은 것은 (아군이) 의심하게 하려는 것이요, 새가 날아오르는 것은 복병을 두었다는 것(증거)이요, 짐승들이 깜짝 놀라는 것은 기습 공격으로 전복 시키려는 것이다. 먼지가 높으면서도 날카로운 것은 전거가 오는 것이요, 먼지가 낮으면서도 넓은 것은 도보하는 보병이 오는 것이다. 먼지가 흩어지면 나뭇가지처럼 도달하는 것은 나무꾼이 나무를 채집하는 것이요, 먼지가 적으면서도 왔다 갔다 하는 깃은 군(군대)을 진을 치는 것이다. 적군이 말을 비굴하게 하면서 더욱 군비를 갖추는 것은 진격해 오겠다는 낌새요, 말이 속임수가 있으면서도 억지로 진격해 오고 말을 몰고 오는 것은 퇴각하겠다는 낌새고, 가벼운 수레들이 먼저 나와서 그 곁에 거처하는 것은 진을 칠 낌새며, 아무 약속한 바가 없이 화친을 청하는 것은 음모가 있는 것이니라. 바삐 달리면서 싸움 수레를 진열시키는 것은 공격의 기일(기약)을 정하는 것이며, 반은 진격하는 척 반은 물러가는 척하는 것은 아군을 유인하려는 것이다.

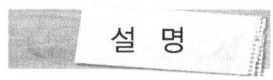

　적이 가까이 접근해 왔으면서도 조용한 것은 지형의 험준함을 적군이 믿기 때문이고, 적이 멀리 있으면서도 싸움을 거는 것은 아군이 나오기를 바라는 것이다. 적이 평탄한 곳에 진을 치고 있는 것

은 거기에 지리적인 이점이 있음을 알기 때문이고, 많은 나무가 흔들려 움직이는 것은 적이 공격해 오는 것이고, 풀이 우거진 곳에 장애물이 많은 것은 아군이 의심하게 하려는 것이다. 새들이 날아오르는 것은 복병을 두었다는 증거이고, 짐승들이 놀라 달아나는 것은 기습 공격으로 전복 시키려는 의도이다. 먼지가 높고 날카롭게 일어나는 것은 전차가 오는 것이고, 흙먼지가 낮고 넓게 깔리는 것은 보병 부대가 오는 것이다. 흙먼지가 이곳저곳에서 피어오르는 것은 적군의 병사들이 땔나무를 구하는 것이고, 흙먼지가 조금씩 여기저기에서 솟아오르는 것은 적이 진을 치는 것이다. 적군이 말을 비굴하게 하면서도 방비를 더하는 것은 진격해 오겠다는 낌새이고, 적군에게서 온 사신의 말이 속임수가 있으면서도 억지로 진격해 오고 말을 몰고 오는 것은 퇴각하겠다는 낌새이다. 가벼운 전차가 앞에 나와서 양옆에 머무는 것은 진을 칠 낌새이고, 아무 약속도 없이 갑자기 화친을 청하는 것은 어떤 음모가 숨어 있는 것이다. 바삐 달리면서 싸움 수레를 진열시키는 것은 공격할 날짜를 정하는 것이며, 적이 진격하는가 하면 후퇴하고, 후퇴하는가 하면 다시 진격해 오는 것은 이쪽을 유인하려는 것이다.

◀ 원문 ▶

杖而立者는 飢也요, 汲而先飮者는 渴也요, 見利而不進者는 勞也니라.
장이립자   기야 급이선음자 갈야 견리이불진자   노야

鳥集者는 虛也요, 夜呼者는 恐也니라. 軍擾者는 將不重也요,
조집자 허야 야호자 공야   군요자 장불중야

旌旗動者는 亂也요, 吏怒者는 倦也니라. 殺馬肉食者는 軍無糧也라.
정기동자 난야 리노자 권야   살마육식자   군무양야

懸瓿不返其舍者는 窮寇也요, 諄諄翕翕하여 徐與人言者는 失衆也라.
현부불반기사자 궁구야 순순흡흡   서여인언자 실중야

數賞者는 窘也요, 數罰者는 困也니라.
삭상자 군야 삭벌자 곤야

先暴而后畏其衆者는 不精之至也니라. 來委謝者는 欲休息也라. 兵怒而相
선포이후외기중자   불정지지야   내위사자 욕휴식야   병노이상

迎하여 久而不合하고 又不相去면 必謹察之니라.
영   구이불합   우불상거   필근찰지

◀ 한자 풀이 ▶

杖 지팡이 장, 汲 길을 급, 飮 마실 음, 渴 목마를 갈, 見 볼 견,
勞 일할 로, 集 모일 집, 虛 빌 허, 夜 밤 야, 呼 부를 호,
恐 두려울 공, 軍 군사 군, 擾 어지러울 요, 旌 기 정,
旗 깃발 기, 亂 어지러울 난, 吏 벼슬아치 리, 怒 성낼 노,
倦 게으를 권, 殺 죽일 살, 糧 식량 량, 懸 매달 현, 瓿 단지 부,
返 돌아올 반, 窮 다할 궁, 諄 타이를 순, 翕 합할 흡,
徐 천천히 할 서, 失 잃을 실, 數 자주 삭, 窘 막힐 군, 罰 죄 벌,
困 괴로울 곤, 畏 두려워할 외, 精 알찰 정, 委 맡길 위,
謝 사례할 사, 謹 삼갈 근, 察 살필 찰.

번 역

　지팡이를 짚고 서야 일어나는 것은 굶주렸다는 증거요, 물을 길어다가 먼저 마시는 것은 갈증이 났다는 증거요, 이익을 빤히 보면서도 진격해 오지 않은 것은 너무 피로했다는 증거요, 새들이 나무에 모여 앉아 있는 것은 사람이 없고 군영이 빈 까닭이요, 밤중에 소리 지르는 것은 두려워한다는 것이다. 군대(군사)가 요란한 것은 장수가 의젓하지 못하고 위중(위엄)하지 못하다는 것이고, 화려한 깃발과 깃발이 움직이는 것은 혼란이 일어났다는 증거요, 군관들이 노여워하는 것은 부하 병사들이 지쳤다는 증거요, 말을 잡아서 육식을 하는 것은 군대의 양식이 없다는 증거요, 질그릇을 걸어 놓은 채로 그 막사로 돌아가지 않은 것은 곤궁해진 도적이란 뜻이다. 거듭 거듭 탓 이르면서 화합하려 하여 천천히 남과 더불어 말하는 것은 병사들의 신임을 잃었다는 것이다. 자주 상주는 것은 궁색해졌다는 증거이며 자주 벌주는 것은 피곤하고 곤궁해졌다는 증거요, 먼저 포악하게 군 뒤에 병사들을 두려워하는 것은 (지휘자가) 정성스럽지 못한 지극함이다. 와서 간곡하게 사뢰하는 것은 휴식하기를 바라는 것이요, 졸병이 노여워하면서도 서로가 맞이해서 오래되어도 합전하지도 않고 또 서로 떠나지도 않으면 (그 속에 속임수가 있을 수 있으니) 반드시 삼가서 살펴야 하느니라.

설 명

　적병이 지팡이를 집고 서 있는 것은 굶주렸다는 것이고, 물을 길러 와서 자기가 먼저 물을 먹는 것은 갈증이 났다는 것이다. 유리한 줄 알면서도 공격하지 않는 것은 피로한 것이고, 적진 위에 새들이 나무에 모여 있다는 것은 적군이 이미 철수했다는 것이다. 한밤중에 큰 소리로 서로 부르는 것은 두려워한다는 의미이고, 군대가 요란한 것은 장수가 의젓하지 못하고 위엄이 없다는 것이다. 깃발이 흔들리고 있는 것은 장병들에게 동요가 일어났고 있다는 것이고, 군의 간부가 부하들에게 마구 소리치는 것은 병졸들이 전쟁에 지쳤다는 의미이다. 전쟁하는 말을 잡아먹는 것은 군량이 바닥이 났다는 것이고, 취사도구를 정돈하여 놓고, 병영에 돌아가지 않는 것은 궁지에 몰렸기 때문이다. 장수가 풀이 죽고 눈치를 보며 부하들과 더불어 말을 온순하고 조용히 하는 것은 부하들의 신망을 잃은 까닭이다. 상장이나 상금을 남발하는 것은 궁색해진 까닭이고, 자주 벌을 주는 것은 곤경에 빠진 까닭이다. 부하에 대한 언동이 처음에는 난폭하다가, 그 후에는 부하들의 이반을 두려워하는 것은 통솔할 줄을 모르는 까닭이다. 적군이 사자를 파견하면서 인사를 드리는 것은 휴식을 위한 시간을 벌고자 하는 행위이고, 병사들이 노기를 띠고 서로 마주 대하지만 시간이 흘러도 싸우려 하지 않으며 또한 서로 물러서려고도 하지 않는다면 그 속에 속임수가 있을 수 있으니, 삼가 살펴서 상대방이 뜻하는 바를 알아내야 한다.

◀ 원문 ▶

兵非貴益多也이니 惟無武進하여 足以幷力料敵하여 取人而已니라. 夫惟
병비귀익다야   유무무진   족이병력료적   취인이이   부유

無慮而易敵者는 必擒於人이니라. 卒未親附에 而罰之면 則不服이요, 不服
무려이이적자 필금어인   졸미친부 이벌지   즉불복   불복

則難用也라. 卒已親附에 而罰不行이면 則不可用也니 故로 令之以文이요,
즉난용야   졸이친부 이벌불행   즉불가용야 고   영지이문

齊之以武니 是謂必取니라. 令素行하여 以敎其民이면 則民服이라 令不素行에
제지이무 시위필취   영소행   이교기민   즉민복   영불소행

以敎其民이면 則民不服이니 令素行者는 與衆相得也니라.
이교기민   즉민불복   영소행자 여중상득야

◀ 한자 풀이 ▶

惟 오직 유, **幷** 아우를 병, **料** 헤아릴 료, **慮** 생각할 려,
親 친할 친, **附** 붙을 부, **罰** 죄 벌, **服** 복종할 복, **難** 어려울 난,
齊 가지런할 제, **武** 굳셀 무, **取** 취할 취, **令** 명령 령,
素 본디 소, **敎** 가르칠 교, **與** 더불어 여, **得** 얻을 득.

◀ 번 역 ▶

　병사는 많은 것을 유익하게 여길 것이 아니니 오직 보무도 당당하게 진격하지 말고 족히 써 병력을 합해서 적을 헤아려서 사람을 취해야 할 따름이니라.(많은 것이 아니라 중간급의 인재를 취해야 한다) 무릇 아무 사려도 없이 적을 쉽게 여기는 자는 반드시 남에게 사로잡히게 마련이니라. 병졸이 아직 친해지거나 가까이 대하거나 따라 붙지도 않는데 벌을 주게 되면 복종하지 않게 되고 복종하지 않게 되면 그런 병졸은 사용하기가 어려우며 병졸이 이미 가까이 대하고 따라 붙는 데에는 일절 형벌이 행하지 않으면 그런 병졸도

가히 사용할 수 없다. 그러므로 영을 내리기를 문(文)으로써 하고 가지런히 다스리기를 무예로써 하니, 이런 것을 일러 반드시 이긴다고 하느니라. 명령이 본디 행해져서 그 백성들을 가르치게 되면 백성들이 복종하며 명령이 본디 행해지지 않아서 그 백성들을 가르치게 되면 백성들이 복종되지 않게 되니, 명령이 본디 행해지는 것은 대중과 더불어서 서로 신뢰감을 터득했기 때문이니라.

설 명

군대는 수가 많으면 많을수록 유익한 것만은 아니다. 오로지 공격만을 일삼지 말고 병력을 집중하고 적정을 분석·판단하면서도 중간급의 인재를 잘 취해야 한다. 무릇 깊고 멀리 생각하지 않고 적을 가볍게 여기면 반드시 적에게 사로잡힌다. 병졸들이 충심으로 따르지 않은데, 벌을 준다면 병졸들은 복종하지 않으며, 병졸들이 복종하지 않으면 부리기가 어렵다. 그렇지만 잘 따른다고 해서 과실이 있는 데도 벌을 주지 않는다면, 이것 역시 부릴 수가 없다. 그러므로 병졸을 대하기를 글과 자애로써 가르치고 무예와 형벌로써 통제한다면 가히 이기는 군대라고 일컬을 수 있다. 평소에 법령과 명령이 잘 시행되고 이로써 백성을 교육한다면 백성들은 복종하지만, 평소에 법령과 명령이 잘 시행되지 않는 데도 백성들을 가르치려고 하면 백성들은 복종하지 않는다. 평소에 법령과 명령이 잘 시행된다는 것은 백성들과 더불어 신뢰가 이루어졌기 때문이다.

제9권 <종합>

◀ 전쟁에서 이길 수 있는 방법 ▶

군대가 행군을 할 때는 지형을 잘 이용하여야 하고, 군대가 주둔을 할 때는 햇볕이 잘 드는 양지쪽이어야 하며, 군졸들은 잘 먹고 편히 쉬게 해주어야 한다. 그리고 적의 움직임에 세심한 주의를 기울여 모든 사실을 분석·파악하도록 노력해야 한다. 이를테면 적군의 사신이 저자세이면서도 방비를 더하는 것은 공격하려는 낌새이고, 반대로 적군의 사신의 강경하게 말하며 진격 태세를 취하는 것은 후퇴하려는 낌새이다. 병사의 수가 많다고 좋은 것만은 아니다. 적재적소(適材適所)에 인재를 배치하여야 한다. 마구 공격하지 말고 전력을 집중시키면서 적정의 파악에 힘을 써야 비로소 승리할 수 있다. 또한 병사들에 대하여는, 따뜻한 마음으로 교육시킴과 동시에 군령으로 통제를 하지 않으면 안 된다. 이런 일 역시 장수된 자가 해야 할 일인 것이다.

제10권　地形篇(지형편)
- 지세의 모양에 따라서 전술이 달라지는 편 -

◀ 원문 ▶

孫子曰 地形은 有通者요 有挂者요 有支者요 有隘者요 有險者요
손자왈　지형　 유통자　 　유괘자　　유지자　 　유애자　　유험자

有遠者니라.
유원자

我可以往이요 彼可以來는 曰通이니라. 通形者는 先居高陽하여 利糧道하여
아가이왕　　 피가이내　　 왈통　　　 통형자　　선거고양　　　 리량도

以戰則利니라. 可以往이나 難以返을 曰挂라. 挂形者는 敵無備면 出而勝
이전즉리　　　 가이왕　　 난이반　 왈괘　　괘형자　 　적무비　　 출이승

之요 敵若有備면 出而不勝이고 難以返과 不利니라. 我出而不利하고 彼出
지　　 적약유비　　출이불승　　 난이반　　 불리　　　아출이불리　　　피출

而不利를 曰支니 支形者는 敵雖利我라도 我無出也라.
이불리　 왈지　 지형자　　 적수리아　　　아무출야

引而去之하여 令敵半出而擊之면 利니라.
인이거지　　 령적반출이격지　　 리

◀ 한자 풀이 ▶

地 땅 지, **形** 모양 형, **通** 통할 통, **挂** 걸 괘, **居** 있을 거,
糧 식량 량, **往** 갈 왕, **備** 갖출 비, **返** 돌아올 반, **彼** 저 피,
支 지탱할 지, **引** 끌 인, **去** 갈 거, **令** 하여금 령, **敵** 원수 적,
擊 마주칠 격, **利** 이로울 리.

번 역

손자가 말하였다. 지형은 통하는 경우가 있고 걸린 것이 있고(가다가 오지 못하는 것) 지탱하는 경우가 있고 막힌 경우가 있고 험한 경우가 있고 먼 경우가 있느니라. 내가 갈 수도 있고 저쪽이 올 수 있는 것을 일러 통이라 하니, 통형이라는 것은 높고 양지바른 데 먼저 거처하여 식량 나르는 길을 이롭게 해서 싸우게 되면 이로워지느니라. 가히 갈 수도 있는데 돌아오기 어려운 것을 일러 걸려 있다고 하니, 걸려 있는 지형은 적이 군비를 갖추지 않으면 나아가서 이기고 적이 만약 군비를 갖추게 되면 출전해도 이기지 못하니 돌아오기 어려운지라. 이롭지 못하느니라. 내가 나아가도 이롭지 못하고 저쪽이 나아와도 이롭지 못한 것을 일러서 버티는 지형이니, 버티는 지형은 적이 비록 나를 이롭게 해준다 하더라도 내가 나아갈 길이 없으니, 내 군사를 이끌고 떠나서 적으로 하여금 반쯤 나오게 해서 이로워지느니라.

설 명

지형(地形)은 통하는 경우가 있고, 가다가 오지 못하는 경우도 있으며, 가지처럼 갈라져 있는 경우도 있고, 좁혀져 있는 경우고 있으며, 험한 경우도 있고, 먼 경우도 있다. 내가 갈 수도 있고 상대편이 올 수도 잇는 것을 '통(通)'이라 한다. '통(通)'이란, 자기편이나 적군이나 모두가 나아갈 수 있는 사방으로 통하여 있는 지형이다. 통형은 우선 높고 양지바른 고지를 점령하고 식량의 보급로를 확보하면, 유리하게 싸 울 수 있는 곳이다. '괘(挂)'란, 나아가기는 쉬우나 물러서기가 곤란한 지형이다. 여기서는 적이 수비를 굳히고 있지 않을 때 출격하여 승리하지 못하며, 이에 더하여 철수가 어렵기 때문에 불리한 지형이다. '지(支)'란, 자기편에 있어서나 적군에 있어서나 싸움을 하면 불리한 지형이다. 여기서는 적이 나를 이롭게 하더라도 공격하면 안 된다. 일단 철수하는 체하고 적을 유인하여 싸우면 유리하다.

서시 집에 걸려 있던 '서시완사'라는 그림이다.

제10권 地形篇(지형편) 113

◀ 원문 ▶

隘形者는 我先居之면 必盈之以待敵이요 若敵先居之면 盈而勿從하고 不盈
애형자   아선거지   필영지이대적   야적선거지   영이물종   불영

而從之니라. 險形者는 我先居之면 必居高陽以待敵이요 若敵先居之면
이종지   험형자   아선거지   필거고양이대적   야적선거지

引而去之하고 勿從也니라. 遠形者는 勢均難以挑戰이니 戰而不利니라.
인이거지   물종야   원형자   세균난이도전   전이불리

凡此六者는 地之道也라 將之至任으로 不可不察也니라.
범차육자   지지도야   장지지임   불가불찰야

◀ 한자 풀이 ▶

隘 좁을 애, **形** 모양 형, **居** 살 거, **盈** 찰 영, **待** 기다릴 대,
若 만약 약, **險** 험할 험, **勿** 말 물, **從** 좇을 종, **遠** 멀 원,
勢 기세 세, **均** 고를 균, **難** 어려울 난, **挑** 집적거릴 도,
戰 싸울 전, **道** 이치 도, **將** 장수 장, **至** 지극할 지, **任** 맡을 임,
察 살필 찰.

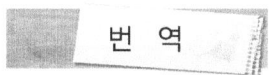

막힌 지형은 내가 먼저 거처하게 되면 반드시 군비를 채워서 적을 기다려야 할 것이며, 만약 적이 먼저 거처하게 되면 적군이 군비를 채웠을 때는 따라가지 말고 적군이 (군비를) 채우지 못했을 때는 따라 가느니라. 험한 지형은 내가 먼저 거처하게 되면(그곳에 가 있으면) 반드시 높고 양지 바른쪽에 거처해서 적을 기다릴 것이며, 만약 적이 먼저 거처하게 되면 (주둔하게 되면) 아군을 이끌고서 떠나고 따라가지 말아야 하느니라. 먼 지형은 세력이 균등하여 (고르기 때문에) 싸움 벌이기가 어려워 싸워도 이롭지 못하느니라. 무릇 이 여섯 가지는 지형에 따른 도(道)이니 장수의 지극한 임무에 비추어

볼 때, 가히 제대로 살피지 않아서는 안 되느니라.

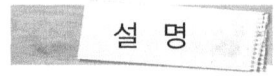

 '막힌 지형(隘)'이란, 아군이 먼저 점령하면 반드시 충분한 병력으로 입구를 막고 적군을 기다릴 것이며, 만약에 적군이 먼저 점령하여 충분한 병력으로 입구를 막고 있으면 싸우지 말고, 충분한 병력으로 막고 있지 않으면 따라가서 싸울 것이다. '험한 지형(險)'이란, 우리 쪽에서 먼저 점령하면 반드시 남향 고지에 진을 치고 적을 기다릴 일이다. 적이 앞섰을 경우에는 진격을 중지하고 철수하는 편이 좋다. '먼 지형(遠)'이란, 본국으로부터 멀리 떨어진 곳으로서, 서로간의 세력이 균형되어 있을 경우에는 싸움을 걸기도 어렵고 싸워서도 불리하다. 무릇 이 여섯 가지 지형을 유리하게 이용하는 방법이며, 장수된 사의 시상의 임무이다. 신중히 생각하시 않으면 안 된다.

◀ 원문 ▶

故로 兵은 有走者요 有弛者요 有陷者요 有崩者요 有亂者요 有北者니
고 병 유주자 유이자 유함자 유붕자 유난자 유배자

凡此六者는 非天地災요 將之過也니라. 夫勢均이나 以一擊十을 曰走라.
범차육자 비천지재 장지과야 부세균 이일격십 왈주

卒强吏弱을 曰弛니라. 吏强卒弱을 曰陷이라. 大吏怒而不服하고 遇敵對
졸강리약 왈이 리강졸약 왈함 대리노이불복 우적대

而自戰하고 將不知其能을 曰崩이니라. 將弱不嚴하고 教道不明하며
이자전 장불지기능 왈붕 장약불엄 교도불명

吏卒無常하고 陳兵縱橫을 曰亂이니라. 將不能料敵하여 以少合衆하고
리졸무상 진병종횡 왈난 장불능료적 이소합중

以弱擊强하며 兵無選鋒을 曰北니라.
이약격강 병무선봉 왈배

凡此六者는 敗之道也니 將之至任으로 不可不察也니라.
범차육자 패지도야 장지지임 불가불찰야

◀ 한자 풀이 ▶

故 까닭 고, 兵 군사 병, 走 달아날 주, 弛 늦출 이, 陷 빠질 함,

崩 무너질 붕, 亂 어지러울 난, 北 달아날 배, 災 재앙 재,

將 장수 장, 過 허물 과, 勢 기세 세, 擊 칠 격, 走 달아날 주,

卒 군사 졸, 吏 벼슬아치 리, 弱 약할 약, 陷 빠질 함,

怒 성낼 노, 服 좇을 복, 遇 만날 우, 敵 원수 적, 對 원망할 대,

自 제멋대로 자, 崩 무너질 붕, 嚴 엄할 엄, 教 가르칠 교,

明 밝을 명, 陳 늘어놓을 진, 縱 세로 종, 橫 가로 횡,

亂 어지러울 난, 料 헤아릴 료, 衆 무리 중, 選 가릴 선,

鋒 칼끝 봉, 北 달아날 배, 敗 깨뜨릴 패, 任 맡길 임, 察 살필 찰.

116 원문 독해 『孫子兵法(손자병법)』

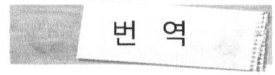

　그러므로 군대는 달아나는 군대가 있고 풀린 군대가 있고 결함 있고 빠진 군대가 있고 산처럼 무너지는 군대가 있고 어지러운 군대가 있고 패배하는 군대이니 (헤아려보지도 않고 싸우는 군대) 무릇 이 여섯 가지는 천지의 재앙이 아니고 장수의 과실이니라. 무릇 군대의 군세가 균등하되 하나로써 열을 치는 것을 주(走, 달아나는 것)라 하느니라. 졸병은 강하되 장교가 약한 것을 해이된 군대라고 하느니라. 장교는 강하고 병졸이 약한 것을 일러 함몰하는 군대라 하느니라. 큰 장교들이 노여워하면서 따르지 않고(복종하지 않고) 적을 만나 원망하면서 제멋대로 싸우고 장수가 제 능력을 알지 못하는 것을 일러 붕(崩)이라 하느니라. 장수가 약해서 위엄스럽지 못하고 교육의 도가 밝지 못하며 장교나 졸병들이 자기 분수와 책임을 알지 못하고 진을 친 군사가 세로 가로 멋대로 하는 것을 일러 혼란한 군사라 하느니라. 장수가 능히 적을 헤아릴 줄 몰라서 적은 수로써 많은 적군과 만나서 싸우려 하고 약한 군사로서 강한 적군을 공격하며 군사가 선봉장이 없는 것을 일러 배(北)이니라. 무릇 이 여섯 가지는 패배하는 도이니 장수의 지극한 소임에 비추어 볼 때 자세히 살피지 않아서는 안 되느니라.

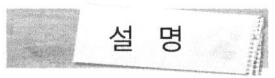

　군대(軍隊)는 달아나는 자가 있고, 해이한 자가 있고, 결함이 있는 자가 있고, 무너지는 자가 있고, 혼란한 자가 있고, 패배하는 자가 있다. 이 여섯 가지는 하늘과 땅의 재앙이 아니고 장수의 과실이다. 무릇 아군과 적군의 병력이 대등한데 아군 하나로써 적의 열을 공격하면, 이를 '주(走)' 곧 달아나는 군대라 한다. 제대로 싸우지도

못하고 달아나는 경우다. 병사가 강하고 장교가 약하면, 이를 '이(弛)' 곧 해이한 군대라고 한다. 장교의 통솔력이 부실하여 달아나는 경우다. 장교가 강하고 병사가 약하면 이를 '함(陷)' 곧 결함이 있는 군대이다. 이는 병사가 약해서 달아나는 경우이다. 높은 장수들이 성을 내고 따르지 않고 적을 만나 원망하면서 제멋대로 싸우고 장수는 제 능력을 알지 못하는 것을 '붕(崩)'이라 한다. 사려가 부족한 장수들이 명령을 따르지 않고 무모한 전쟁을 하여 달아나는 경우이다. 장수가 나약하며 위엄이 없고 부하에 대한 훈련 방법이 분명하지 못하여 장수와 병졸들 간에 일정한 규율이 없으며, 포진함에 있어서도 가로, 세로의 질서 없이 혼란에 빠져 있는 군대를 '난(亂)'이라 한다. 장수와 병졸들이 제멋대로 싸우고 조직적인 전력 발휘를 못하고 패하여 달아나는 경우이다. 장수가 적군의 정세를 헤아리지 못하고 적은 군사로서 많은 적군과 싸우고 약세로써 강적을 공격하려 하며, 선발된 정예 부대가 없을 때 이를 '배(北)' 곧 싸움에서 패배하는 군대라고 한다. 장수에게 지모가 부족하고, 핵심되는 정예 부대도 없어서 패주하는 경우다. 무릇 이 여섯 가지는 싸움에서 패배하는 길이다. 장수된 자의 지극한 임무이니 신중히 생각하지 않으면 안 된다.

◀ 원문 ▶

夫地形者는 兵之助也이니 料敵制勝하고 計險厄遠近은 上將之道也니
부지형자   병지조야   료적제승   계험액원근   상장지도야

知此而用戰者는 必勝이요 不知此而用戰者는 必敗니라.
지차이용전자   필승   불지차이용전자   필패

故로 戰道가 必勝이면 主曰無戰이라도 必戰可也요
고   전도 필승   주왈무전   필전가야

戰道不勝이면 主曰必戰이라도 無戰이 可也니라.
전도불승   주왈필전   무전   가야

故로 進不求名이요 退不避罪며 惟民을 是保하여 而利於主가
고   진불구명   퇴불피죄   유민   시보   이리어주

國之寶也니라.
국지보야

◀ 한자 풀이 ▶

助 도울 조, **料** 헤아릴 료, **制** 만들 제, **勝** 이길 승,

計 헤아릴 계, **厄** 재앙 액, **避** 피할 피, **罪** 허물 죄, **惟** 오직 유,

保 지킬 보, **國** 나라 국, **寶** 보배 보.

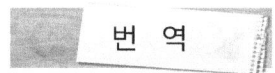

무릇 지형이라는 것은 전쟁을 돕는 것이니, 적을 잘 헤아려서 승리를 제어하고(마련하고) 험하고 막히는 것과 멀고 가까운 것을 헤아리는 것은 훌륭한 장수의 도(道)이니 이를 알고서 지형의 이로움을 전쟁에 쓰는 자는 반드시 이기고, 이를 알지 못하고 전쟁에 쓰는 자는 반드시 패배하느니라. 그러므로 전재의 도(道)가 반드시 이길 만하면 군주가 말하기를 싸우는 일이 없었으면 좋겠다고 하더라도 반드시 싸우는 것이 좋은 일이며, 전쟁의 도가 이기지 못할 만하면

군주가 말하기를 반드시 싸우라고 하더라도 싸우지 않음이 좋음이니라. 그러므로 나아감에 명예를 구하지 않으며 물러남에 죄를 피하지 않으며 오직 백성들을 이에(전쟁을 통해서) 보존하며 군주에게 이롭게 하는 것이 나라의 보배이니라.(군주에게 이롭게 하면 장수로서 나라의 보배가 되는 것이다.)

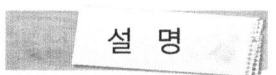

무릇 지형(地形)은 승리를 얻기 위한 보조적 조건이다. 적의 움직임을 알고, 지형의 험조·원근을 잘 살피고 헤아려 보면서 작전계획을 세워 승리를 끌어내는 것은 장수의 임무이다. 이를 알고서 싸우는 자는 반드시 승리하고, 이를 모르고 싸우는 자는 반드시 패배(敗北)한다. 그러므로 전쟁터의 실정으로 보아 이길 수 있으면 군주가 싸우지 말라 하여도 싸움이 불가피하고, 전쟁터의 실정으로 보아 이길 수 없으면 비록 군주가 싸우라 하여도 싸울 수 없는 것이다. 그러므로 이겼다고 해서 그 명예를 추구하지 말고, 졌을 때는 그 죄를 피하지 말며, 오직 백성을 보전(保全)하고 군주를 이롭게 하여야 장수로서 나라의 보배가 되는 것이다.

◀ 원문 ▶

視卒如嬰兒니 故로 可與之赴深溪라.
시졸여영아   고   가여지부심계

視卒을 如愛子니 故로 可與之俱死니라.
시졸   여애자   고   가여지구사

厚而不能使하고 愛而不能令하며 亂而不能治면 譬若驕子라 不可用也니라.
후이불능사   애이불능령   난이불능치   비야교자   불가용야

◀ 한자 풀이 ▶

視 볼 시, 卒 군사 졸, 嬰 갓난아이 영, 兒 아이 아,
赴 나아갈 부, 深 깊을 심, 溪 시내 계, 愛 사랑 애,
與 더불어 여, 俱 함께 구, 厚 두터울 후, 使 부릴 사,
令 명령 령, 亂 어지러울 난, 治 다스릴 치, 譬 비유할 비,
驕 교만할 교, 用 쓸 용.

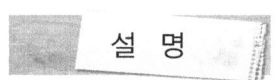

(장수가) 졸병을 보기를 어린아이와 같이 보아야 하니(애지중지 하는 것) 그러므로 가히 (장수와) 더불어 깊은 계곡에도 달려가느니라. 졸병을 보기를 사랑하는 자식과 같이 하니 그러므로 가히 더불어 (장수와) 함께 죽느니라. 후하게는 대해 주는데 능히 부리지 못하며 사랑하기는 하는데 능히 명령을 내리지 못하며 어지러운 데도 능히 다스리지 못하면 비유하건데 마치 교만스러운 자식과 같은데 가히 쓸 수가 없느니라.

설 명

병사를 보기를 어린이같이 애지중지 사랑하라. 그러면 위험한 깊

은 계곡에도 함께 달려갈 수 있는 것이다. 병졸을 보기를 사랑하는 아들처럼 하니, 더불어 죽음도 함께 한다. 하지만 너무 후하게 대하여 부릴 수가 없고, 너무 사랑하여 명령할 수가 없고, 너무 어지러운 데도 다스릴 수가 없으면, 비유컨대 교만한 자식과 같이 쓸 데가 없는 것이다.

서시의 고향을 방문한 것을 환영한다는 입장료 그림이다.

원문 독해 『孫子兵法(손자병법)』

◀ 원문 ▶

知吾卒之可以擊하고 而不知敵之不可擊이면 勝之半也니라. 知敵之可擊하
지오졸지가이격   이부지적지불가격   승지반야   지적지가격

고 而不知吾卒之不可以擊하면 勝之半也라. 知敵之可擊하고
  이부지오졸지불가이격   승지반야   지적지가격

知吾卒之可以擊하되 而不知地形之不可以戰이면 勝之半也라.
지오졸지가이격   이부지지형지불가이전   승지반야

故로 知兵者는 動而不迷하고 擧而不窮이라.
고   지병자   동이불미   거이불궁

故로 曰 知己知彼면 勝乃不殆요 知地知天이면 勝乃可全이니라.
고   왈 지기지피 승내불태   지지지천   승내가전

◀ 한자 풀이 ▶

知 알 지, **擊** 칠 격, **敵** 원수 적, **勝** 이길 승, **半** 반 반,
形 형세 형, **戰** 싸울 전, **動** 움직일 동, **迷** 미혹할 미, **擧** 들 거,
窮 다할 궁, **己** 자기 기, **彼** 저 피, **乃** 이에 내, **殆** 위태할 태,
地 땅 지, **全** 온전할 전.

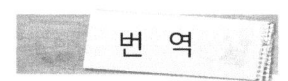

우리 졸병들이 가히 써 칠 수 있다는 것을 알고(공격할 수 있는 사람들) 적군이 칠 수 없는 군사라는 것을 알지 못하면(쳐서는 안 될 군사라는 것을 알지 못하면) 승리가 반쪽밖에 안 되느니라. 적군이 쳐도 되는 것을 알고(적군이 쳐도 되는 것을 아는 것) 우리 병졸이 칠 수 없는 것을 알지 못하면 승리가 반쪽밖에 안 되느니라. 적군이 쳐도 되는 것을 알고 우리 병졸들이 가히 써 칠 수 있다는 것을 알되 지형이 싸울 수 있다는 것을 알지 못하면, 승리가 반밖에 안 될 것이다. 그러므로 전쟁을 아는 장수는 움직이는데 미혹되지

않고 거동함에 곤궁하지 않느니라. 그러므로 말하기를 적을 알고 나를 알면 승리가 이에 위태롭지 않고 땅을 알고 하늘을 알면 승리가 이에 온해질 수 있느니라.

설 명

우리쪽의 병사가 능히 공격할 수 있음을 알면서도, 적이 공격할 수 없음을 모른다면 승패는 반반이다. 적이 공격할 수 있음을 알면서도, 아군의 병사가 공격할 수 없음을 모른다면 또한 승패는 반반이다. 적이 공격할 수 있음을 알고 아군의 병사가 공격할 수 있음을 알면서도 지형으로 보아 싸울 수 없다는 것을 알지 못한다면 승패는 반반이다. 그러므로 전쟁의 실태를 아는 자는 움직이되 갈팡질팡하지 않고, 행동함에 어려운 입장에 서지를 않는다. 그러므로 적을 알고 나를 알면 승리는 위태롭지 않고, 천시(天時)와 지리까지를 알면 승리는 완전할 것이다.

제10권 <종합>

◀ 적을 알고 나를 알면 위험에서 벗어 날 수 있다. ▶

지형은 승리를 얻기 위한 유력한 보조적 조건이다. 따라서 적의 움직임을 잘 알고, 지형의 험조·원근을 이리저리 대비 검토하면서 작전 계획을 세워야 한다. 적의 전력, 아군의 전력을 충분히 파악하고 있더라도 지리가 나쁘다는 것을 모르면 승패의 확률은 반반이다. 전쟁에 능한 자는 적과 아군과 지형의 세 가지를 충분히 파악하고 있기 때문에 행동을 일으키고서도 당황하지 않으며, 싸움이 시작된 다음에도 곤경에 처하는 일이 없다. 장수된 자에게 있어서 병졸은 자기의 자식과 같이 사랑스런 존재이다. 그러나 후대하는 마음이 지나치면 뜻대로 부릴 수가 없고 사랑하는 마음이 지나치면 명령할 수 없으니, 군율에 저촉되어도 벌할 수 없다면 그런 군대는 제 구실을 할 수가 없게 된다. 장수된 자는 이런 점도 배려해야 한다. 그리고 적을 알고 나를 아다면 배 번 싸워도 위태롭지 않을 것이다.

제11권 九地篇(구지편)
- 그 지형을 아홉 가지로 분류하는 편 -

◀ 원문 ▶

孫子曰 用兵之法은 有散地요 有輕地요 有爭地요 有交地요 有衢地요
손자왈 용병지법   유산지   유경지   유쟁지   유교지   유구지

有重地요 有圮地요 有圍地요 有死地니라.
유중지   유비지   유위지   유사지

◀ 한자 풀이 ▶

九 아홉 구, **地** 땅 지, **用** 용도 용, **兵** 군사 병, **法** 법 법,
散 흩을 산, **地** 땅 지, **輕** 가벼울 경, **爭** 다툴 쟁, **交** 사귈 교,
衢 네거리 구, **重** 무거울 중, **圮** 무너질 비, **圍** 둘레 위,
死 죽을 사.

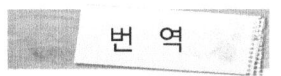

손자가 말했다. 용법을 하는 법(군사 작전을 하는 법)은 백성들이나 병사들이 자기네 땅에서 싸울 때는 백성과 병사들의 마음이 흩어지는(고향 가고픈) 땅이요, 가벼운 마음이 생기는 땅이요, 다툴 수밖에 없는 땅이요, 갈 수도 올 수도 있는 땅이요, 사통팔달의 땅이요, 무겁고 어려운 땅이요, 군사가 무너지기 쉬운 땅이요, 에워싸인 땅이요, 죽음의 땅이니라.

설 명

　용병(用兵)을 하는 법에는 아홉 가지로 분류할 수 있다. 산지(散地)·경지(輕地)·쟁지(爭地)·교지(交地)·구지(衢地)·중지(重地)·비지(圮地)·위지(圍地)·사지(死地) 등이 있다. 이는 자기네 지역에서 싸울 때 일어날 수 있는 상황이다. 산지는 고향 가고픈 생각에 병사들의 마음이 흩어지는 것이고, 경지는 가벼운 마음이 생기는 땅이다. 쟁지는 다툴 수밖에 없는 땅이고, 교지는 갈 수도 올 수도 있는 땅으로 교전이 불가피한 땅이다. 구지는 사통팔달 다 통하는 땅으로 천하를 제패할 땅이고, 중지는 무겁고 어려운 땅으로, 적으로부터 빼앗은 땅이다. 비지는 행군하기 어려워 군사가 무너지기 쉬운 땅이고, 위지는 출입구가 좁아 적으로부터 포위되는 땅이고, 사지는 죽음의 땅이다. 따라서 군사 작전을 할 때는 이런 지형은 피해야 한다.

◀ 원문 ▶

諸侯가 自戰其地가 爲散地니라. 入人之地하여 不深者는 爲輕地니라.
제후   자전기지   위산지   입인지지   불심자   위경지

我得則利요 彼得亦利者가 爲爭地니라. 我可以往이요 彼可以來者가
아득즉리 피득역리자   위쟁지   아가이왕   피가이내자

爲交地니라. 諸侯之地가 三屬하여 先至而得天下衆者가 爲衢地니라.
위교지   제후지지   삼속   선지이득천하중자   위구지

入人之地深하여 背城邑多者가 爲重地니라.
입인지지심   배성읍다자   위중지

山林險阻沮澤凡難行之道者가 爲圮地라. 所從由入者가 隘하고
산림험조저택범난행지도자   위비지   소종유입자   애

所從歸者가 迂하여 彼寡可以擊我之衆者가 爲圍地니라.
소종귀자 우   피과가이격아지중자   위위지

疾戰則存하고 不疾戰則亡者가 爲死地니라.
질전즉존   부질전즉망자   위사지

◀ 한자 풀이 ▶

諸 여러 제, **侯** 제후 후, **得** 얻을 득, **往** 갈 왕, **來** 올 래,
屬 엮을 속, **背** 등 배, **城** 도읍 성, **邑** 고을 읍, **重** 중할 중,
阻 험할 조, **沮** 막을 저, **澤** 늪 택, **凡** 무릇 범, **難** 어려울 난,
由 말미암을 유, **隘** 좁을 애, **從** 좇을 종, **歸** 돌아갈 귀,
迂 멀 우, **彼** 저 피, **寡** 적을 과, **擊** 칠 격, **我** 나 아,
衆 무리 중, **疾** 병 질, **戰** 싸울 전, **存** 있을 존, **亡** 망할 망.

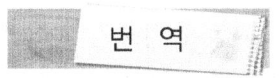

번 역

제후들이 스스로 제 땅에서 싸우는 것이 흩어지는 땅이 되느니라. 남의 땅에 들어가서 깊이 들어가지 않은 경우는 가벼운 땅이 되느니라.(도망칠 생각만 하니까) 내가 얻으면 이로운 것이요 저쪽이 얻어도

이로운 것이 서로 다투는 땅이니라. 내가 갈 수도 있고 저쪽 적군이 올 수 있는 경우가 교착되는 땅이니라. 제후의 땅이 세 가지로 (나누어져) 속해서 먼저 이르러 가서 천하의 대중을 얻을 수 있는 것이 사통팔달의 땅이니라. 남의 땅에 깊이 들어 가서 성과 읍을 등진 것이 많은 경우가 중요한 땅이니라. 산림, 험난한 지역 늪지대 등 무릇 행하기 어려운 길이 무너지는 땅이니라. 말미암아 진입로는 좁고 따라서 돌아오는 바가 멀어서 저쪽이 적으면서도 가히 우리의 많은 군사를 칠 수 있는 경우가 에워싸인 (공격 받기 쉬운) 땅이니라. 빨리 싸우면 살아남고 빨리 싸우지 않으면 다 망하는 것이 죽음의 땅이니라.

　　제후가 스스로 제 땅에서 싸울 경우, 이를 '산지(散地)'라 한다. 적의 땅에 쳐들어가되 깊이 들어가 있지 않은 경우 이를 '경지(輕地)'라 한다. 이는 아군이 도망칠 생각만 하기 때문이다. 아군이 점령하면 아군에게 유리하고 적군이 점령하면 적군에게 유리한 전략상의 요지를 '쟁지(爭地)'라 한다. 아군이 갈수도 있고 적군이 올 수도 있어서, 누군가가 점령하면 교전이 불가피한 지역을 '교지(交地)'라 한다. 제후의 땅으로 여러 나라가 인접하여 있어서, 이를 먼저 점령하면, 천하의 중망(重望)을 모으게 되어 천하를 얻을 수 있는 지역을 '구지(衢地)'라 한다. 적의 땅에 깊숙이 쳐들어가 함락시킨 적의 성과 고을이 등 뒤에 많이 있는 지역을 '중지(重地)'라 한다. 산림·요해·소택을 가되 그 행군하기 어려운 지역을 '비지(圮地)'라 한다. 들어가는 길이 좁고 되돌아 나오는 길이 멀리 돌아 나와야 하므로 적군이 적은 병력으로 우리의 많은 병력을 칠 수 있는 지역을 '위지(圍地)'라 한다. 단시일 내에 싸우면 생존할 수 있고, 단시일 내에 싸우지 않으면 다 망하게 되는 곳을 '사지(死地)'라 한다. 손자가

아홉 가지의 지형을 소개하여, 주어진 조건에 따라 전쟁을 수행할 것을 제시한 부분이다.

서시 집 뒷산에 있는 저라산 안내문이다

◀ 원문 ▶

是故로 散地則無戰하고 輕地則無止하며 爭地則無攻하고 交地則無絶하며
시고　산지즉무전　　　경지즉무지　　　쟁지즉무공　　　교지즉무절

衢地則合交하고 重地則掠하며 圮地則行하고
구지즉합교　　　중지즉략　　　비지즉행

圍地則謀하며 死地則戰이니라.
위지즉모　　　사지즉전

◀ 한자 풀이 ▶

是 이 시, **故** 까닭 고, **散** 흩을 산, **戰** 싸움 전, **輕** 가벼울 경,
止 머무를 지, **爭** 다툴 쟁, **攻** 칠 공, **交** 사귈 교, **絶** 끊을 절,
掠 노략질 할 략, **謀** 꾀할 모.

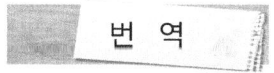

이런 까닭에 흩어진 땅이면 싸우지 말아야 하고(자국 내에서는) 가벼운 땅이면 머물지 말아야 되며 서로 다투는 땅일 것 같으면 공격하지 말아야 하고 교착하는 땅이면 부대 간의 연락이 단절되는 일이 없어야 하고 사통팔달의 길이면 (이웃 나라들과) 외교를 맺어야 하고 중요한 땅이면 (식량, 군수품 등) 약탈을 해야 하며 무너지는 땅이면 (전투하지 말고) 지나가야 되고 에워싸인 땅이면 탈출을 꾀해야 하며 죽음의 땅이면 (어쩔 수 없이) 싸워야 하느니라.

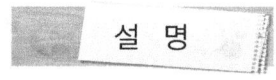

이런 까닭에 '산지'에서는 싸움을 피해야 하고, '경지'에서는 주둔하여서는 안 된다. '갱지'에서는 공격하여서는 안 되고, '교지'에서는 부대 간의 연락을 단절 시켜서는 안 된다. '구지'에서는 외교 교

섭을 중시해야 하고, '중지'에서는 보급품을 현지에서 조달해야 한다. '비지'에서는 신속하게 통과해야 하고, '위지'에서는 계략을 써서 벗어나야 한다. '사지'에서는 오직 싸울 뿐이다. 손자는 땅의 모양에 따라 싸우는 방법도 달라야 함을 소개하였다.

완사계에서 빨래하는 서시의 모습을 조각해 놓았다

◀ 원문 ▶

所謂古之善用兵者는 能使敵人으로 前後가 不相及하고 衆寡가 不相恃
소위고지선용병자   능사적인   전후   불상급   중과 불상시

하며 貴賤이 不相救하고 上下가 不相扶하며 卒離而不集하고 兵合에
     귀천 불상구   상하 불상부   졸리이불집   병합

而不齊니라. 合於利而動이요 不合於利而止니라. 敢問, 敵衆整而將來면
이불제   합어리이동   불합어리이지   감문 적중정이장내

待之를 若何요 曰, 先奪其所愛면 則聽矣니라. 兵之情은 主速이라.
대지   야하 왈 선탈기소애   즉청의   병지정   주속

乘人之不及하고 由不虞之道요 攻其所不戒也니라.
승인지불급   유불우지도   공기소불계야

◀ 한자 풀이 ▶

謂 이를 위, **善** 잘할 선, **使** 하여금 사, **前** 앞 전, **後** 뒤 후,
及 미칠 급, **衆** 무리 중, **寡** 적을 과, **恃** 믿을 시, **貴** 귀할 귀,
賤 천할 천, **救** 구원할 구, **扶** 도울 부, **卒** 군사 졸,
離 떼놓을 리, **集** 모일 집, **齊** 가지런할 제, **利** 이로울 리,
動 움직일 동, **敢** 감히 감, **整** 가지런할 정, **何** 어찌 하,
先 먼저 선, **奪** 빼앗을 탈, **愛** 사랑 애, **聽** 들을 청, **速** 빠를 속,
乘 탈 승, **及** 미칠 급, **虞** 헤아릴 우, **攻** 칠 공, **戒** 경계할 계.

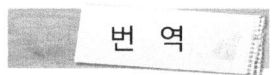

옛날의 이른바 용병을 잘한다는 것은 능히 적군들로 하여금 전후 서로 미치지 못하도록 해야 하고(끊어 놓고) 많거나 적거나 서로 믿지 못하도록 하며 귀한 사람이나 천한 사람이 서로 구하지 못하도록 하고 상급 부대와 하급 부대가 서로 도울 수 없게 하며 병졸이 흩어져도 모이지 못하도록 하고 (병졸이) 군사들이 합쳐져도 가

지런해지지 (군 편성을) 못하도록 하느니라. 이익에 합치되며 행동 개시 해야 하고 이익에 합치되지 못하면 그만 두느니라. 감히 여쭈어 보건대, 적이 많은 군사이면서 잘 정렬되고 정제되어 있는데서 장차 쳐들어오게 한다면 기다리기를 어떡해야 합니까? 손자가 대답하기를, 먼저 그 아끼는 바를 빼앗으면 적이 듣고 따른다고 하였다. 군사에 있어서의 실정은 빠른 속도를 위주로 하느니라. 남이 (적군이) 미치지 못하는 때를 틈타야 하고 생각지도 못한 길을 말미암아서 그 경계하지 못한 곳(땅)을 공격하느니라.

설 명

옛날에 용병을 잘한다는 것은, 적군으로 하여금 전후의 부대가 서로 호응하며 싸울 수 없게 하고, 주력 부대와 이를 따르는 부대가 서로 협력하지 못하게 하고, 상급자와 하급자가 서로 마음을 일치하지 못하게 하고, 상급 기관과 하급 기관이 한 덩어리가 되지 못하게 하고, 병사들을 분리시켜 함께 집합하지 못하게 하고, 병사들이 집합하더라도 군 편성을 정비하지 못하게 한다. 이익에 맞으면 행동 개시를 하고, 이익에 맞지 아니하면 중지하느니라. 감히 여쭈어 보건대 '적의 병사들이 대열을 정비하고 장차 공격해 온다면 어떻게 해야 합니까?' 하니, 손자가 말하기를, '먼저 적이 가장 소중하게 생각하는 것을 빼앗으면 적이 굴복한다'고 하였다. 전쟁의 실정은 신속함이 으뜸이니 적국이 미치지 못할 틈을 타고 적이 예측하지 못한 길을 가며 적이 경계하지 아니하고 방비하지 않은 곳을 공격해야 한다.

◀ 원문 ▶

凡爲客之道는 深入則專이니 主人不克이라 掠於饒野하여 三軍足食하며
범위객지도   심입즉전   주인불극   약어요야   삼군족식

謹養而勿勞하고 幷氣積力하며 運幷計謀하고 爲不可測하니라.
근양이물노   병기적력   운병계모   위불가측

投之無所往이면 死且不北하고 死焉不得하리니 士人盡力하니라.
투지무소왕   사차불배   사언불득   사인진력

兵士가 甚陷則不懼하고 無所往則固하며 深入則拘하고 不得已則鬪니라.
병사   심함즉불구   무소왕즉고   심입즉구   부득이즉투

是故로 其兵이 不修而戒며 不求而得이며 不約而親이며 不令而信이라.
시고   기병   불수이계   불구이득   불약이친   불령이신

◀ 한자 풀이 ▶

客 손 객, **專** 오로지 전, **克** 이길 극, **掠** 노략질할 략,

饒 넉넉힐 요, **野** 들 야, **謹** 삼길 근, **養** 기를 양, **勞** 일할 로,

積 쌓을 적, **運** 돌 운, **計** 꾀 계, **測** 잴 측, **投** 던질 투,

北 달아날 배, **盡** 다될 진, **甚** 심할 심, **陷** 빠질 함, **信** 믿을 신,

懼 두려워할 구, **固** 굳을 고, **拘** 잡을 구, **已** 그칠 이,

鬪 싸움 투, **修** 닦을 수, **約** 묶을 약, **親** 친할 친, **令** 명령 령.

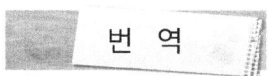

무릇 객군(적군을 침범하는 것) 노릇하는 도(道)는 깊이 들어가면 오로지 (싸우고자 하는 마음이) 한결 같아지니 주인(적군)이 이기지 못하느니라. 풍요로운 들판에서 약탈해 가지고 많은 군사가 풍족하게 먹으며 삼가 휴양하면서 물러가고 피로하게 하지 말고 기(사기)를 합하고 (높이고) 힘을 쌓아 (축적해) 두며 병사를 운용하며 꾀를 계획하고 가히 헤아릴 수 없는 일을 만든다.(예측하지 못하게 한

다) (더 이상) 갈 곳 없는 곳에 투입하면 죽어도 장차 달아나지 않을 것이며 죽어도 어쩔 수 없어서 병사들과 관인들이 힘을 다할 것이다. 병사가 힘이 빠지면 두려워하지 않고 갈 곳 없으면 견고해지며 깊이 들어가게 되며 얽매이고 (부득이) 어쩔 수 없으면 싸우게 되느니라. 이런 까닭에 그 병졸이 수련되지 않았으나 경계하게 되며 구하지 않아도 얻게 되며 약속하지 않았는 데도 친하게 되며 명령하지 않았는 데도 믿어 주느니라.

설 명

무릇 적의 영토에 침입하였을 때의 전법은 깊이 쳐들어가면 싸움에만 전념하므로 주인군[적군]이 이기지 못하느니라. 풍요한 들에서 약탈하면 많은 군사의 식량은 충족된다. 잘 휴양시키어 수고스럽지 않게 하고, 사기를 높이며 그 힘을 축적한다. 병사들을 적절히 운용하여 계략을 세우고, 적이 예측하지 못하게 해서 더 이상 갈 곳이 없는 곳에 투입되어 죽어도 달아나지 않으며, 죽음에 임해도 어쩔 수 없어서 병사들과 관인들이 힘을 다해 싸울 것이다. 병사들은 힘이 빠져도 두려워하지 않으며, 갈 곳이 없으면 단단하게 단결하고, 적지에 깊이 들어가도 행동이 산만해지지 않고, 어쩔 수 없으면 싸우게 된다. 그러므로 병사들은 다스리지 않아도 스스로 알아서 경계하고, 요구하지 않아도 얻게 되고, 약속하지 않아도 서로 친해지며, 명령하지 않아도 규칙을 지킨다.

◀ 원문 ▶

禁祥去疑면 至死無所之니라. 吾士가 無餘財는 非惡貨也요 無餘命은
금상거의   지사무소지   오사 무여재   비오화야   무여명

非惡壽也이니라. 令發之日에 士卒이 坐者가 涕霑襟이요 偃臥者는
비오수야   영발지일   사졸 좌자 체점금   언와자

涕交頤이 投之無所往者는 諸劌之勇也니라.
체교이   투지무소왕자   저귀지용야

◀ 한자 풀이 ▶

禁 금할 금, **祥** 상서로울 상, **去** 갈 거, **疑** 의심할 의,
餘 남을 여, **財** 재물 재, **惡** 싫어할 오, **貨** 재화 화, **壽** 목숨 수,
發 필 발, **坐** 앉을 좌, **涕** 눈물 체, **霑** 젖을 점, **襟** 옷깃 금,
偃 쓰러질 언, **臥** 엎그릴 와, **頤** 턱 이, **諸** 이름 저, **劌** 이름 귀,
勇 날쌜 용.

번 역

상서로움(미신)을 금지하고 의심을 제거하게 (버리게) 되면 죽음에 이르도록 갈 곳이 없어지느니라.(물러서지 않을 것이다.) 우리 용사들에게 남겨 두는 재물이 없는 것은 (재물을 돌보지 않는 것은) 물자들을 싫어하기 때문이 아니요, 남기는 목숨이 없는 것(목숨을 돌보지 않는 것)은 오래 살기를 싫어하기 때문이 아니니라. 전투 명령이 내려지는 날에 장교와 졸병들이 좌절되는 자가 눈물이 옷깃을 적시고 쓰러져 눕는 자가 눈물이 턱에까지 흘러내리게 되니, 갈 곳 없는 곳에 투입되는 것은 전저[춘추시대 오나라 오왕 합려를 도운 사람]나 조귀[노나라 장공을 도와서 제나라 환공으로부터 땅을 되돌려 받은 사람]와 같은 용맹을 보이는 것이니라.

설 명

미신을 금지하고 의혹을 없이 하면 죽음에 이르러도 흔들리지 않는다. 아군의 병사들이 재물에 욕심이 없음은 재물이 싫어서가 아니며, 목숨을 돌보지 않음은 오래 살기를 싫어해서가 아니다. 전투명령이 떨어지는 날이면 병사들 중, 좌절하는 자는 눈물로 옷깃을 적시고, 누운 자는 눈물이 턱까지 흐른다. 병사란 갈 곳이 없는 곳으로 투입하면 춘추시대 오나라 '전저'와 노나라의 '조귀' 같은 용맹이 나오는 법이다.

저라산에 있는 서시 집의 정경이다.

◀ 원문 ▶

故로 善用兵者는 譬如率然이니 率然者는 常山之蛇也라. 擊其首則尾至하
고　선용병자　　비여솔연　　　솔연자　　상산지사야　　격기수즉미지

고 擊其尾則首至하고 擊其中則首尾가 俱至니라. 敢問兵可使如率然乎잇가
　격기미즉수지　　　격기중즉수미　　구지　　감문병가사여솔연호

曰 可하다 夫吳人이 與越人으로 相惡也나 當其同舟而濟에 遇風에 其相
왈　가　　부오인　　여월인　　상오야　당기동주이제　우풍　기상

救也를 如左右手니라. 是故로 方馬埋輪이라도 未足恃也니 齊勇을 若一이
구야　　여좌우수　　시고　　방마매륜　　　미족시야　　제용　약일

政之道也요 剛柔가 皆得이 地之理也니라.
정지도야　　강유　　개득　지지리야

故로 善用兵者는 携手若使一人이니 不得已也니라.
고　선용병자　　휴수야사일인　　　불득이야

◀ 한자 풀이 ▶

善 잘할 선, **譬** 비유할 비, **率** 거느릴 솔,

率然(솔연) 상산의 뱀 이름, **蛇** 뱀 사, **常** 항상 산, **擊** 칠 격,

尾 꼬리 미, **首** 머리 수, **俱** 함께 구, **敢** 감히 감, **問** 물을 문,

與 더불어 여, **越** 월나라 월, **惡** 싫어할 오, **當** 마땅할 당,

濟 건널 제, **遇** 만날 우, **風** 바람 풍, **救** 구원할 구, **左** 왼 좌,

右 오른쪽 우, **埋** 묻을 매, **輪** 바퀴 륜, **未** 아닐 미, **足** 족히 족,

恃 믿을 시, **齊** 가지런할 제, **勇** 날쌘 용, **政** 정사 정,

剛 굳셀 강, **柔** 부드러울 유, **皆** 모두 개, **地** 땅 지,

理 다스릴 리, **携** 가질 휴, **使** 부릴 사, **得** 얻을 득,

已 그만둘 이, **也** 어조사 야.

번 역

　그러므로 용병을 잘하는 사람은 비유하자면 마치 솔연과 같으니, 솔연은 상산의 뱀이다. 그 머리를 치면 꼬리가 이르러 오고 그 꼬리를 치면 머리가 이르러 오고 그 중간을 치면 머리와 꼬리가 함께 이르러 오느니라.(끈질 긴 뱀이다) 감히 여쭈어 보건대 병졸을 부리기를 솔연과 같이 할 수 있겠습니까? 손자가 말하기를 가능하다고 하였다. 무릇 오(吳)나라 사람들이 월(越)나라 사람들과 더불어서 서로 싫어 하지만, 그 배를 함께 해서 건널 때를 당해서는(건너다) 큰 바람을 만나게 되면 서로 구원하기를 마치 좌우(左右) 손과 같이 하느니라.(잘 맞는다.) 이런 까닭에 말을 묶어 놓고 수레바퀴를 묻는다 하더라도 아직 족히 믿을 수 없으니, 용기를 가지런히 하기를 마치 하나 같이 하는 것이 정치하는 도이고(바로잡는 도이고) 강하고 부드러운 것이 모두 제구실하는 것이 땅의 이치이니라. 그러므로 용병을 잘하는 자는 손을 가지기를 마치 한 사람 부리듯이 하니 (일사불란하게 하니) 어쩔 수 없는 까닭이니라.

설 명

　용병을 잘하는 사람을 비유하자면, '솔연(率然)'과 같다. '솔연'이란 상산(常山)의 뱀으로, 머리를 때리면 꼬리가 덤비고, 꼬리를 치면 머리로 덤빈다. 허리를 때리면 머리와 꼬리가 함께 덤빈다. 그렇다면 묻건대, 병사들을 상산의 뱀처럼 움직일 수 있는가? 손자가 '물론 할 수 있다'라고 한다. 대저 오(吳)나라와 월(越)나라는 원래 원수지간이지만, 마침 두 나라 사람이 같은 배를 탔다가 폭풍우를 만났다면, 좌우의 손처럼 일치단결하여 서로 돕는다. 이런 까닭으로, (군대도 그렇게 하기 위해서는) 말을 사방으로 묶어 놓고 수레바퀴를 땅에 묻고서 전진을 굳히는 것만으로는 충분하지가 않다. 전군을 통털어 한 덩어리로 만드는 것이 정치하는 도(道)이고, 용감한 자나 유약한 자가 가지고 있는 온 힘을 모두 발휘하게 하는 것이 땅의 이치이다. 그러므로 싸움에 능한 자는, 자기 손을 가지고 마치 한 사람을 부리듯 일사불란하게 한다.

서시 집 앞에 흐르는 완사계의 현재의 모습이다

제11권 九地篇(구지편) 141

◀ 원문 ▶

將軍之事는 靜以幽하고 正以治니라. 能愚士卒之耳目하여 使之無知하고
장군지사   정이유   정이치   능우사졸지이목   사지무지

易其事하고 革其謀하여 使人無識하고 易其居하고 迂其途하여 使人不
역기사   혁기모   사인무식   역기거   우기도   사인불

得慮니라. 帥가 與之期를 如登高而去其梯라. 帥가 與之를 深入諸侯之
득려   수   여지기   여등고이거기제   수   여지   심입제후지

地하여 而發其機를 焚舟破釜하여 若驅群羊而往하고 驅而來나 莫知所
지   이발기기   분주파부   야구군양이왕   구이래   막지소

之니라. 聚三軍之衆하여 投之於險이니 此將軍之事也라. 九地之變과 屈
지   취삼군지중   투지어험   차장군지사야   구지지변   굴

伸之利와 人情之理를 不可不察也라.
신지리   인정지리   불가불찰야

◀ 한자 풀이 ▶

事 일 사, 靜 고요할 정, 幽 그윽할 유, 正 바를 정, 察 살필 찰,
治 다스릴 치, 愚 어리석을 우, 使 하여금 사, 易 바꿀 역,
革 고칠 혁, 謀 꾀 모, 識 알 식, 迂 멀 우, 途 길 도,
慮 생각할 려, 帥 장수 수, 與 더불어 여, 期 기약할 기,
登 오를 등, 去 갈 거, 梯 사다리 제, 深 깊을 심, 發 일어날 발,
機 기미 기, 焚 불사를 분, 舟 배 주, 破 깨뜨릴 파, 釜 솥 부,
若 만일 약, 驅 몰 구, 群 무리 군, 羊 양 양, 莫 아닐 막,
聚 모일 취, 衆 무리 중, 投 던질 투, 險 험할 험, 變 변할 변,
屈 굽을 굴, 伸 펼 신, 利 이로울 리, 情 뜻 정, 理 이치 리.

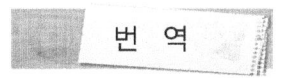
번 역

장군의 일은 고요하면서도 생각이 깊고 (군기를) 엄정하면서도
잘 다스려지느니라. 능히 사졸의 이목을 어리석게 하여 (명령하는

대로 따르게 함) 하여금 아는 것이 없게 하고 (무조건 따라 오게 함) 그 일을 바꾸고 그 꾀를 새롭게 해서 남으로 하여금 알지 못하게 하고 (예측하지 못하게 하여 잘 따르게 함) 그 거처를 바꾸고 그 길을 우회하도록 해서 남으로 하여금 생각조차 못하도록 하느니라. 장수가 더불어 기약하기를 마치 높은데 올라가서 그 사다리를 제거하는 듯이 하느니라. 장수가 더불어 깊이 (사졸들과 함께) 제후의 땅에 들어가서 기미를 발동하기를 배를 불사르고 밥솥을 깨뜨려서 (죽고 살기로 싸워서) 마치 양떼를 몰아서 가듯이 하고 (양떼를) 몰아서 오듯이 하지만 (사졸이) 갈 곳을 알지 못하게 하느니라. 삼군의 대중을 모아서 험한데 투입시키니 이것이 장군이 하는 일이니라. 아홉 가지 땅의 변화와 굽히고 펴는 이로움과 인정의 이치를 가히 자세히 살피지 않아서는 안 되느니라.

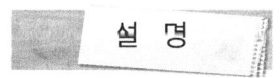

　　장수(將帥)의 일이란, 냉정하고 심오하며 엄정하게 다스려야 한다. 병사들의 이목(耳目)을 어리석게 만들어 명령하는 대로 따르면서 무조건 따라 오게 하고, 그 하는 일을 바꾸고 그 계략을 고치되 사람들이 알지 못하게 하여 잘 따르게 하고, 그 거처를 바꾸고 그 길을 멀리 돌아가되 남들이 짐작할 수 없게 해야 한다. 장수가 병사들과 더불어 기약하기를, 마치 높은 곳에 올라가게 하고 그 사다리를 치우듯이 한다. 장수가 병사들과 더불어 제후의 영토에 깊숙이 침입하였을 때는 배를 불사르고 밥솥을 깨뜨려서 죽기 살기로 싸워서, 마치 양떼가 갈리듯이 몰려 달려가고 몰려 달려오되 행방을 알지 못하는 것이다. 삼군의 병사들을 모아서 위험한 곳에 투입하는 것 이것이 장수(將帥)의 임무이다. 아홉 가지 지형에 따른 병법의 변화, 굽히어 후퇴하는 것과 펴서 공격하는 것에 따른 이점, 상황에 따른 심리적 변화, 이런 것을 자세히 살피지 않으면 안 된다.

제11권 九地篇(구지편) 143

◀ 원문 ▶

凡爲客之道는 深則專이요 淺則散니라. 去國越境而師者가 絶地也요
범위객지도   심즉전   천즉산   거국월경이사자   절지야

四達者가 衢地也요 入深者가 重地也요 入淺者가 輕地也라.
사달자   구지야   입심자   중지야   입천자   경지야

背固前隘者가 圍地也요 無所往者가 死地也니라.
배고전애자   위지야   무소왕자   사지야

◀ 한자 풀이 ▶

道 이치 도, **深** 깊을 심, **專** 오로지 전, **淺** 얕을 천, **散** 흩을 산,
去 갈 거, **越** 넘을 월, **境** 지경 경, **師** 군사 사, **絶** 끊을 절,
達 통달할 달, **衢** 네거리 구, **背** 등 배, **固** 굳을 고, **隘** 좁을 애,
圍 둘레 위, **往** 갈 왕.

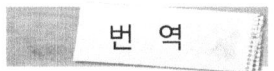

무릇 객군[원정하는 군사] 노릇하는 도(道)는 깊이 들어가면 하나에 전일(집중)하게 되고 얕게 들어가면 (군사의 사기가) 흩어지느니라. (달아날 것을 생각하기 때문이다.) 자기 나라를 떠나서 국경을 넘어서 많은 군사를 출정하는 것이 끊어진 땅이요, 사방으로 통하는 것이 네거리로 가는 땅이요, 깊은 곳으로 쳐들어가는 자가 무거운 땅이요, 얕게 쳐들어가는 자가 가벼운 땅이니라.(전쟁을 가볍게 여기기 때문이다.) 견고한 땅을 등지고서 좁은 땅을 앞에 둔 경우가 에워싸인 땅이요, 갈 곳 없는 경우가 죽은 땅이니라.

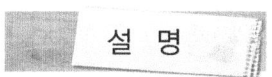

무릇 적의 땅에 침입하였을 때의 전법은, 깊이 쳐들어가면 오로

지 싸울 뿐이고, 깊이 쳐 들어가지 않았을 경우에는 달아날 것을 생각하기 때문에 단결이 흐트러진다. 나라를 떠나 국경을 넘어서 싸우는 것은 '절지(絶地)'요, 사방으로 통해 교통이 편리한 곳은 '구지(衢地)'요, 깊이 들어간 곳이 '중지(重地)'요, 얕게 들어간 곳이 '경지(輕地)'로 전쟁을 가볍게 여기기 때문이다. 진퇴유곡(進退維谷)은 '위지(圍地)'요, 도망칠 곳이 없는 땅은 '사지(死地)'이다.

힘을 비축한 월나라 왕 구천이 오나라 정벌을 떠나기 전, 백성들이 받친 소홍주를 강물에 붓는 모습이다. 소홍주를 군사들과 함께 나누어 마시기 위해서이다.

◀ 원문 ▶

是故로 散地엔 吾將一其志요 輕地엔 吾將使之屬이요 爭地엔 吾將趨其
시고　산지　오장일기지　　경지　오장사지촉　　　쟁지　오장추기

後요 交地엔 吾將謹其守요 衢地엔 吾將固其結이요 重地엔 吾將繼其食
후　　교지　오장근기수　　구지　오장고기결　　　중지　오장계기식

이요 圮地엔 吾將進其途요 圍地엔 吾將塞其闕이요 死地엔 吾將示之以
　　　비지　오장진기도　　위지　오장새기궐　　　사지　오장시지이

不活이니라. 故로 兵之情은 圍則御하고 不得已則鬪하고 逼則從이니라.
불활　　　　　고　병지정　　위즉어　　　부득이즉투　　　핍즉종

◀ 한자 풀이 ▶

散 흩을 산, **將** 장차 장, **志** 뜻 지, **輕** 가벼울 경, **屬** 엮을 속,
爭 다툴 쟁, **趨** 달릴 추, **後** 뒤 후, **謹** 삼갈 근, **守** 지킬 수,
結 맺을 결, **重** 무거울 중, **繼** 이을 계, **食** 식량 식, **從** 따를 종,
圮 무너질 비, **進** 나아갈 진, **途** 길 도, **塞** 변방 새, **闕** 빠질 궐,
示 보일 시, **活** 살 활, **御** 막을 어, **鬪** 싸움 투, **逼** 닥칠 핍.

◀ 번역 ▶

　이런 까닭에 흩어지는 땅(군대의 사기가 흩어지는 땅)에는 내가 장차 그 뜻(사졸들의 뜻)을 하나가 되도록 해야 하며, 가벼운 땅에는 내가 장차 하여금 모이도록 하여야 하고(단위 부대에 소속시켜야 하고), 다투는 땅에는 내가 장차 그 후방 쪽으로 내달아 가야 되고(기습 공격해야 하고), 서로 교차되는 땅에는 내가 장차 그 수비를 삼가 행해야(신중하게) 하고, 사통팔달에는 내가 장차 그 결속을 견고하게 해야 하고, 무거운 땅에는 (깊이 들어가서) 내가 장차 그 식량을 계속해서 대 주어야 하고, 무너지는 땅에는 내가 장차 그 길을 빨리 지나가야 되고(진군해야 하고), 에워싸인 땅에는 내가 장차 그

빠진 곳(퇴로)을 막아야 하고(채워줘야 하고), 죽음의 땅에서는 내가 장차 살아남지 않을 것을 보여 주어야 하느니라(사생결단). 그러므로 군사의 실정은 포위되면 방어하고 어쩔 수 없으면 싸우게 되고 위험이 지나치게 되면 따르게 된다.

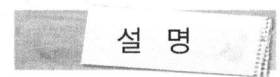

이런 까닭으로, 군대의 사기가 흩어지는 땅에서는 병사들의 마음을 하나로 단결시키고, 가벼운 땅에서는 병사들을 집결시켜 긴밀한 연락을 취하게 하여 단위 부대에 소속시켜야 하고, 다투는 땅에서는 배후로 달려가 기습공격을 해야 하고, 서로 교차되는 땅에서는 내가 수비를 신중히 하고, 사통팔달의 땅에서는 외국과의 외교적인 결합을 공고히 하고, 무거운 땅에서는 적군의 땅으로 깊이 들어가서 군대의 식량을대 주어야 하고, 무너지는 땅에서는 진군을 빨리 해야 하고, 에워싸인 땅에서는 퇴로를 막고 용감히 싸워야 하고, 죽음의 땅에서는 살아 남지 않을 것을 보임으로써, 사생결단으로 싸우게 한다. 그러므로 군사들의 심리는 포위당하면 대항하여 방어하고, 어쩔 수 없이 용감히 싸우며, 위험이 지나치면 명령에 따른다.

제11권 九地篇(구지편) 147

◀ 원문 ▶

是故로 不知諸侯之謀者는 不能預交하고 不知山林險阻沮澤之形者는 不
시고　부지제후지모자　　불능예교　　　부지산림험조저택지형자　　불

能行軍하고 不用鄕導者는 不能得地利니 四五者에 不知一이면 非霸王之
능행군　　　불용향도자　　불능득지리　사오자　　부지일　　비패왕지

兵也니라. 夫霸王之兵이 伐大國이면 則其衆이 不得聚요 威가 加於敵
병야　　　　부패왕지병　　벌대국　　　즉기중　　불득취　　위　가어적

이면 則其交가 不得合이니라. 是故로 不爭天下之交하고 不奪天下之權
　　　즉기교　　부득합　　　　시고　　불쟁천하지교　　　불탈천하지권

이니 信己之私하고 威加於敵이라.
　　　신기지사　　　위가어적

故로 其城은 可拔이요 其國은 可墮니라.
고　　기성　　가발　　　기국　　가휴

◀ 한자 풀이 ▶

諸侯(제후), 謀 꾀할 모, 預 미리 예, 交 사귈 교, 險 험할 험,
阻 험할 조, 沮 막을 저, 澤 못 택, 鄕 시골 향, 導 이끌 도,
霸 으뜸 패, 伐 칠 벌, 聚 모일 취, 威 위엄 위, 合 합할 합,
奪 빼앗을 탈, 權 권세 권, 信 믿을 신, 私 사사로울 사,
拔 뺄 발, 墮 무너뜨릴 휴.

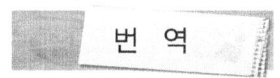

이런 까닭에 (이웃 나라) 제후의 모략을 알지 못하는 자는 능히 미리 (이웃 나라와) 외교할 수 없고, 산림과 험한 땅, 늪이 있거나 못이 있는 것의 지형을 알지 못하는 자는 행군할 수 없고, 향도(각 고을에 안내자)을 사용하지 않는 사람은 능히 지세의 이로움을 터득할 수 없으니, 아홉 가지 중에 하나라도 알지 못하면 패왕의 군사가

될 수 없느니라. 무릇 패제후의 군사가 대국을 치게 되면 그 외교가 합해질 수 없느니라.(패왕의 군대가 쳐들어 오니까 공격을 받는 나라들이 외교가 합교될 수 없다.) 이런 까닭에 천하 국가와의 외교를 다투지 말고 천하의 권세를 빼앗지 않나니 자기의 사사로운 욕심을 믿고 위세가 적에게 가해지느니라. 그러므로 그 성(城)은 가히 뽑힐(함락 시킬) 수 있고 그 나라는 가히 무너뜨릴 수 있느니라.

이런 까닭에 이웃 나라의 제후들의 계략을 알지 못하면 미리 외교 관계를 수립할 수가 없고, 사림과 험난한 곳과 연못과 습지대의 지형을 알지 못하면 행군할 수 없으며, 그 고장의 길 안내자를 이용하지 않으면 지형의 이로움을 얻지 못한다. 아홉 가지 중 그 하나라도 모르면, 패왕의 군사라고 할 수 없다. 무릇 패왕의 군사는, 큰 나라를 정벌하면 그 무리들이 이동·집결할 여유를 주지 않을 뿐 아니라, 공격을 받은 나라들은 외교를 할 수 없게 한다. 이런 까닭에 천하 국가와의 외교를 다투지 말고 천하의 권세를 빼앗지 않으니 사사로운 개인의 욕심을 믿고 위세가 적에게 가해지느니라. 그러므로 적의 성을 함락시킬 수가 있고, 그 나라를 멸망시킬 수도 있는 것이다.

제11권 九地篇(구지편) 149

◀ 원문 ▶

施無法之賞하고 懸無政之令하여 犯三軍之衆을 若使一人이니라. 犯之以
시무법지상   현무정지령   범삼군지중   야사일인   범지이

事요 勿告以言이며 犯之以利요 勿告以害니라. 投之亡地然後에 存하고
사   물고이언   범지이리   물고이해   투지망지연후   존

陷之死地然後에 生이니라. 夫衆이 陷於害然後에 能爲勝敗니라.
함지사지연후   생   부중   함어해연후   능위승패

故로 爲兵之事는 在於順詳敵之意라 并敵一向하여 千里殺將이니
고   위병지사   재어순상적지의   병적일향   천리살장

此謂巧能成事者也라.
차위교능성사자야

◀ 한자 풀이 ▶

施 베풀 시, 賞 상줄 상, 懸 매달 현, 令 명령 령, 犯 범할 범,
勿 말 물, 害 해칠 해, 投 던질 투, 陷 빠질 함, 順 순할 순,
詳 자세할 상, 意 뜻 의, 向 향할 향, 殺 죽일 살,
巧 공교로울 교.

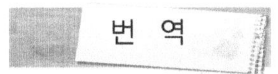

법에도 없는 상을 베풀고(주고) 정책에도 없는 명령을 걸어서(내려서) 삼군의 대중을 움직이게 하는(출정시키는) 것을 마치 한 사람을 부리듯이 하느니라. 일로써 간범하지 말고(움직이고) 말로써 권고하지 말아야 하며 간범하기를 이익으로써 하고 해로움으로써 권고하지 말아야 되느니라.(유리한 점은 말하되 불리한 점은 말해주지 않는다.) 멸망의 땅에 투입한 연후에 살아남고 죽음의 땅에 빠진 연후에 사느니라. 무릇 대중이 해로움에 빠진 연후에야 능히 승패를 행할 수 있느니라. 그러므로 군사를 행하는 일은 적군의 생각을 순

순히 따르고 자세히 살피기에 달려 있느니라. 적과 한 방향으로 따라주다가 천리(千里)에서 적장을 죽이니 이런 것을 일러 공교로움이 일을 성취시키는 것이라고 하느니라.

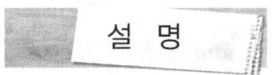

　　법에도 없는 상을 베풀고, 정책에도 없는 명령을 내려서, 삼군의 많은 병사를 출정 시키는 것을 마치 한 사람을 부리듯이 한다. 일로써 움직이게 하고 말로써 알리지 말며, 이로움으로써 움직이게 하고 해로움으로써 알리지 말아야 한다. 곧 유리한 점은 말해 주고 불리한 점은 말해주지 않는다는 것이다. 멸망할 땅에 투입된 연후에야 살아남고, 죽음의 땅에 빠진 연후에야 살아남게 된다. 무릇 군사들은 해로운 처지에 빠진 후에 승패를 행할 수 있는 것이다. 전쟁을 행하는 것은 적이 의도하는 바를 속속들이 장악하는 데 있고, 적을 한 방향으로 유인하여 천리 밖에 있는 적장을 죽인다. 이를 '교묘히 일을 성사시키는 것'이라 일컫는다.

◀ 원문 ▶

是故로 政擧之日에 夷關折符하고 無通其使하여 勵於廊廟之上하여
시고   정거지일   이관절부   무통기사   여어낭묘지상

以誅其事하니라.
이주기사

敵人이 開闔이면 必亟入之하여 先其所愛하고 微與之期라.
적인   개합   필극입지   선기소애   미여지기

踐墨隨敵하여 以決戰事니라. 是故로 始如處女하여 敵人이 開戶에
천묵수적   이결전사   시고   시여처녀   적인   개호

后如脫兎하여 敵不及拒니라.
후여탈토   적불급거

◀ 한자 풀이 ▶

政 정사 정, 擧 행동 거, 夷 오랑캐 이, 關 빗장 관, 折 꺾을 절,
符 신표 부, 通 통할 통, 使 사신 사, 勵 힘쓸 려, 廊 복도 낭,
廟 사당 묘, 誅 벨 주, 敵 원수 적, 闔 문짝 합, 亟 빠를 극,
微 작을 미, 踐 밟을 천, 墨 먹 묵, 隨 따를 수, 決 터질 결,
始 처음 시, 處 살 처, 戶 지게문 호, 后 임금 후, 脫 벗을 탈,
兎 토끼 토, 及 미칠 급, 拒 막을 거.

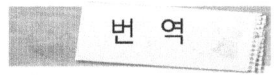

이런 까닭에 정령으로 거병하는(병력을 동원령을 선포하는) 날에 관문을 폐쇄하고 통행증을 폐기하여 적군의 사자들을 통행시키지 않아서 자국의 조정에서 격려하고 독려해서 그 일을 토의하고 다스리느니라. 적군이 관문을 여닫을 때 반드시 빨리 들어가서 그 아끼는 바를 앞세우고(요충지를 선점하고) 은미하게 더불어 (최후의 결전의 날을) 기약한다. 침묵의 계획을 실천하고(비밀을 유지하고) 적

의 (상황에) 따라 전투하는 일을 결행하느니라.(결전을 치르는 것이다.) 이런 까닭에 시작하기를 마치 처녀와 (얌전하게) 같이 하고 적군이 성문을 여는 순간 뒤처리를 마치 달아나는 토끼와 같이 해서 적군이 미쳐 저항하지 못하게 하느니라.

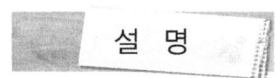

    그러므로 전쟁이 결정된 날에는 국경의 관문을 막고 통행증을 폐기하며, 적의 사신을 통과시키지 않고, 조정에서는 격려함으로써 이 일을 다스린다. 곧 작전 계획을 검토하고 결정한다. 적군이 문을 여닫을 때 반드시 재빠르게 들어가서 먼저 그 소중한 것 곧 요충지를 선점하고, 은미하게 결정의 날을 기다리며, 침묵으로 비밀을 유지하고 적의 상황에 따라 결전을 치르면 된다. 그러므로 처음에는 처녀처럼 얌전하게 행동하여 저이 문을 열게 하고, 나중에는 달아나는 토끼처럼 민첩하게 달려 나가 적군이 저항할 틈도 없게 한다.

제11권 <종합>

◀ 장수는 싸움의 여건을 만들어 줄 수 있어야 한다. ▶

전쟁에 능한 장수는 솔연(率然)처럼, 끈질게 싸울 수 있는 군대를 만드는 것이다. 그리고 마치 한 사람의 인간을 움직이듯이 전 군대를 하나로 뭉쳐서 자유자재로 움직일 수 있는 능력의 소유자이다. 군사란 궁지에 몰리면, 오히려 두려움을 떨쳐내고, 도망갈 길이 없는 상태에 빠지면 일치단결하여 적의 진영 깊숙이 들어가서도 결속을 굳히며, 옴짝달싹할 수 없는 사태에 빠지면 사생결단(死生決斷)으로 싸운다. 이렇게 궁지에 몰아넣고 필사적으로 싸우게 하는 것, 이것이 장수된 자의 임무인 것이다. 배수지진(背水之陣) 곧 궁지에 서야만이 살 길이 열린다는 것을 잊어서는 안 된다.

작전 행동의 요체는 처음에는 처녀처럼 얌전하게 행동하여 적의 방심을 살 일이다. 그리고 전쟁이 일어나면 마치 달아나는 토끼와 같은 기세로 째빠르게 달려 나가 적이 대항할 여유도 주지 않아야 한다. 이런 것이 장수가 지닐 작전이며 전쟁에 임하는 자세인 것이다.

제12권 火攻篇(화공편)
- 불로 공격하는 편 -

◀ 원문 ▶

孫子曰 凡火攻有五하니 一曰火人이요 二曰火積이요 三曰火輜요 四曰
손자왈 범화공유오   일왈화인   이왈화적   삼왈화치   사왈

火庫요 五曰火隊니라. 行火는 必有因이요 煙火는 必素具니라.
화고   오왈화대   행화   필유인   연화   필소구

發火에 有時오 起火에 有日이니 時者는 天之燥也요
발화   유시   기화   유일   시자   천지조야

日者는 月在箕·壁·翼·軫也니라. 凡此四宿者는 風起之日也라.
일자   월재기·벽·익·진야   범차사숙자   풍기지일야

◀ 한자 풀이 ▶

火 불 화, **攻** 칠 공, **積** 쌓을 적, **輜** 짐수레 치, **庫** 창고 고,

隊 군대 대, **因** 연유 인, **煙** 연기 연, **素** 바탕 소, **具** 도구 구,

發 시작 발, **起** 일어날 기, **燥** 마를 조, **箕** 별이름 기,

壁 별이름 벽, **翼** 별이름 익, **軫** 별이름 진, **宿** 별이름 수,

風 바람 풍.

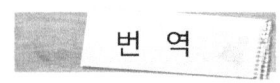

번 역

손자가 말하였다. 무릇 불로 공격하는 것이 다섯 가지가 있으니, 첫째는 적군을 화공하는 것이고, 두 번째는 (군량이 있는) 노적가리를 화공하는 것이고, 세 번째는 짐수레를 화공하는 것이고, 네 번째는 돈 창고를 화공하는 것이고 다섯 번째는 적의 군대를 화공하

는 것이다. 불을 놓는 데에는 반드시 말미암을 것(조건)이 있어야 한다. 불을 연소시키는(피울 때) 데에는 반드시 도구를 바탕 삼느니라.(적당한 도구가 있어야 한다.) 불을 놓을 때에는 때가 있어야 하고(건조할 때) 불을 일으키는 데에는 날이 있어야 하니, 때에는 하늘이 건조할 때이고 날짜라는 것은 달이 기·벽·익·진(별자리)에 있을 때이다. 무릇 이 넷 가지 성수(별)는 바람이 일어나는 날이니라.

설 명

무릇 화공법에는 다섯 가지가 있다. 적의 병사를 불태우는 것과 쌓아 둔 군수품을 불태우는 것, 적의 군수 수송 짐수레를 불태우는 것, 적의 돈 창고에 불태우는 것, 그리고 마지막으로 적의 군대 진영을 불태우는 것이다.

화공법을 실행함은 반드시 일정한 조건이 있으니, 불을 붙이는 도구를 반드시 평소에 구비해야 한다. 불을 일으킴에는 날이 잇어야 하고 그 때에는 하늘이 건조해야 한다. 날짜란 달이 기·벽·익·진의 별자리에 있는 날이다. 무릇 이 네 별자리의 날은 바람이 일어나는 날이다.

◀ 원문 ▶

凡火攻은 必因五火之變하여 而應之니라. 火가 發於內면 則早應之於外
범화공   필인오화지변   이응지   화 발어내   즉조응지어외

하고 火發而其兵이 靜者엔 待而勿攻하고 極其火力하여 可從而從之요
     화발이기병   정자   대이물공   극기화력   가종이종지

不可從則止니라. 火가 可發於外면 無待於內니 以時發之니라.
불가종즉지   화   가발어외   무대어내   이시발지

火發上風이면 無攻下風이니라.
화발상풍   무공하풍

晝風久면 夜風止니라. 凡軍은 必知有五火之變하여 以數로 守之니라.
주풍구   야풍지   범군   필지유오화지변   이수   수지

故로 以火佐攻者는 明하고 以水佐攻者는 强하니라.
고   이화좌공자   명   이수좌공자   강

水可以絶이나 不可以奪이니라.
수가이절   불가이탈

◀ 한자 풀이 ▶

變 변할 변, **應** 응할 응, **早** 일찍 조, **外** 밖 외, **極** 다할 극,
止 그칠 지, **晝** 낮 주, **久** 오랠 구, **佐** 도울 좌, **强** 굳셀 강,
絶 끊을 절, **奪** 빼앗을 탈.

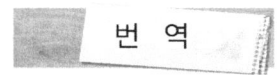

무릇 화공은 반드시 다섯 가지 불의 변화를 말미암아서 (상황의 변화에 따라) 응하느니라. 불이 적진의 안쪽에서 일어나면 즉시 밖에서 응해주고, 불이 일어나는데 그 적군의 병사가 고요한 경우에는 때를 기다리면서 공격하지 말고 그 화력을 지극하게 해서(불길이 가장 셀 때) 가히 따를 만하면 따르고(공격할 만한 상황이면 공격하고) 따르지 못할 만하면 그만두느니라. (그렇지 못하면 공격하지 않

는다.) 불이 밖에서 붙일(지를) 수 있으면 적진의 안에서 기다리지 말 것이며(안에서 불을 지르기를 기다릴 필요 없이) 적당한 때에 발화하느니라. 불이 상풍(바람이 불어오는 쪽)에서 일어나면 바람을 맞는 쪽에서는 공격하지 않느니라.(불을 안고 싸우지는 않는다.) 낮 바람이 오래면 밤 바람은 그치느니라. 무릇 군대는 다섯 가지 불의 변화가 있다는 것을 반드시 알아서 술수로써 지키느니라.(적절하게 수를 내어 시행해 나가야 한다.) 그러므로 화공으로써 공격을 돕는 자는 사리에 밝고 수공으로써 공격을 돕는 자는 강하느니라. 수공법으로는 가히 끊을 수 있으나(적군의 연락을 끊을 수 있으나) (적군의 생명과 재물을) 빼앗을 수는 없느니라.

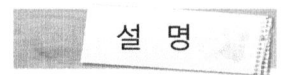

무릇 화공법은 반드시 다섯 가지 불의 변화를 말미암아서 상황의 변화에 따라 응해야 한다. 적진 안에서 불이 나면 재빨리 밖에서도 호응하여 공격한다. 불이 났는데도 적진이 조용하면 공격하지 말고 기다리되 불길이 맹렬해졌을 때 공격할 만한 상황이면 공격하고, 공격이 불가능하면 그만둔다. 밖에서부터 불을 지를 수가 있을 때는 적진의 내부의 상황에 개의치 말고 적당한 때에 불을 지르며, 변화에 따라 대응한다. 바람이 부는 쪽에서 불길이 올랐을 때는 바람맞이에서 곧 바람을 안고 싸우지는 않는다. 낮에 바람이 오래 불면, 밤엔 바람이 멎는다. 무릇 군대는 다섯 가지 경우에 따른 화공법의 변화를 알고, 적절하게 수를 내어 시행해 아가야 한다. 불로써 공격을 돕는 것은 사리에 밝고, 물로써 공격을 돕는 것은 한층 강력하다. 물로써 공격 하는 것은 교통을 차단하여 연락을 끊을 수는 있지만, 적군의 생명과 재물을 빼앗을 수는 없다.

◀ 원문 ▶

夫戰勝攻取하대 而不修其功者는 凶하니 命曰費留라. 故로 曰 明主는
부전승공취   이불수기공자   흉   명왈비류   고   왈 명주

慮之하고 良將은 修느니라. 非利면 不動하고 非得이면 不用하며 非危면
려지   양장 수지   비리 부동   비득 불용   비위

不戰이니라. 主는 不可以怒而興師요 將은 不可以慍而致戰이니라.
부전   주 불가이노이흥사   장 불가이온이치전

合於利而動하고 不合於利而止니라. 怒可以復喜요 慍可以復悅이나
합어리이동   불합어리이지   노가이부희   온가이부열

亡國은 不可以復存이요 死者는 不可以復生이니라.
망국 불가이부존   사자 불가이부생

故로 明君은 愼之하고 良將은 警之니 此가 安國全軍之道也니라.
고 명군 신지   양장 경지   차 안국전군지도야

◀ 한자 풀이 ▶

夫 무릇 부, 取 취할 취, 修 닦을 수, 功 공 공, 凶 흉할 흉,
費 쓸 비, 留 머무를 류, 慮 생각할 려, 良 좋을 량, 將 장수 장,
利 이로울 리, 得 얻을 득, 危 위태할 위, 主 주인 주,
怒 성낼 노, 興 일으킬 흥, 師 군사 사, 慍 성낼 온, 致 이를 치,
戰 싸울 전, 合 합할 합, 動 움직일 동, 復 다시 부, 喜 기쁠 희,
悅 기쁠 열, 愼 삼갈 신, 警 경계할 경, 安 편안할 안,
國 나라 국, 全 온전할 전, 軍 군사 군.

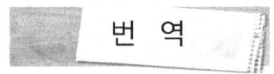

무릇 싸워서 이기고 공격해서 (적군의 영토를) 취했다 하더라도
그 성공을 수습하지 못하는 자는 흉하니(손해가 되니) 흉한 것을 명
명하여 말하기를 '비류'(국비를 낭비하고 병사를 잔류시켜서 어지럽

게 죽게 만든 것)라고 한다. 그러므로 밝은 군주는 생각하고 좋은 장수는 (수신, 전술 등을) 닦느니라. 이익이 안 되면 움직이지 않고 얻는 것이 아니면(없으면) 용병하지 않고 (내가) 위태롭지 않으면 싸우지 않느니라. 군주는 노여움으로써 많은 군사를 일으켜서는 안 되고 장수는 성난다고 해서 전쟁을 불러서는 안 되느니라. 이로움이 맞으면 움직이고 이익에 맞지 않으면 그만 두느니라. 노여움은 가히 다시 기쁘질 수 있고 성남은 가히 다시 즐거울질 수 있으나, 망한 나라는 다시 살아남을 수 없고 죽은 자는 다시 살 수 없느니라. 그러므로 현명한 군주는 (전쟁을) 삼가고 훌륭한 장수는 (전쟁을) 경계하니 이것이 나라를 안전하게 하고 군사를 온전히 하는 도리이다.

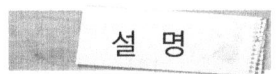

무릇 전쟁에 승리하고 적의 성을 빼앗아도 그 공을 닦지 아니하는 자는 손해가 되니, 이를, '비류(費留, 비: 국비를 낭비하는 자, 류: 병사를 잔류 시키는 자)'라고 한다. 그러므로 현명한 군주는 이것을 생각하고 훌륭한 장수는 수신(修身)과 전술(戰術) 등을 닦는다. 이롭지 않으면 움직이지 않고, 얻는 것이 없으면 병사를 쓰지 않고, 내가 위태롭지 않으면 싸우지를 않는다. 군주는 한때의 노여움 때문에 군대를 일으키지 않고, 장수는 성난다고 해서 싸움을 해서는 안 된다. 이익에 맞으면 움직이고, 이익에 맞지 않으면 그만두어야 한다. 노여움은 다시 기쁨이 될 수 있고, 성냄은 다시 즐거움이 될 수 있지만, 한 번 망한 나라는 다시 존재할 수 없고 한 번 죽은 자는 다시 살아날 수가 없다. 그러므로 현명한 군주는 전쟁을 삼가고, 훌륭한 장수는 전쟁을 경계한다. 이것이 나라를 안정시키고, 군사를 온전하게 보존하는 길이다.

제12권 <종합>

◀ 지도자는 자기 감정에 치우쳐 행동화하면 자멸할 수 있다. ▶

비록 적군을 무찌르고 적의 성을 탈취한다 하더라도, 전쟁의 목적을 달성하지 못한다면 그 노고는 무의미하다. 그러므로 명군·명장은 항상 신중한 태도로써 전쟁 목적의 달성을 꾀한다. 유리한 상황, 필승의 태세가 아니면 행동을 일으키지 않으며, 부득이한 경우가 아니면 군사 행동을 일으키지 않는다. 유의할 일은, 일시적인 감정에 사로잡히는 일이다. 장수된 자가 감정에 의해서 군사 행동을 일으킨다면, 그 스스로 멸망시킬 것이다. 상황이 유리하면 행동하고 불리하면 중지한다. 신중에 신중을 기하여야 한다. 또한 화공·수공도 유리한 공격 방법이므로, 장수된 자는 이 방법도 임기응변(臨機應變)으로 활용할 줄 알아야 한다.

제13권 用間篇(용간편)
- 간꾀를 쓰는 방편 -

◀ 원문 ▶

孫子曰 凡興師十萬하고 出兵千里면 百姓之費와 公家之奉이 日費千金
손자왈 범흥사십만   출병천리   백성지비   공가지봉   일비천금

하고 內外騷動하며 怠於道路하여 不得操事者가 七十萬家에 相守를
     내외소동   태어도노   불득조사자   칠십만가   상수

數年하여 以爭一日之勝이라 而愛爵祿百金하여 不知敵之情者는
수년   이쟁일일지승   이애작녹백금   부지적지정자

不仁之至也이니 非人之將也요 非主之佐也며 非勝之主也니라.
불인지지야   비인지장야   비주지좌야   비승지주야

◀ 한자 풀이 ▶

用 쓸 용, **間** 간첩 간, **興** 일어날 흥, **師** 군사 사, **費** 쓸 비,
奉 녹봉 봉, **騷** 떠들 소, **怠** 게으름 태, **道** 길 도, **路** 길 로,
操 잡을 조, **守** 지킬 수, **數** 셀 수, **爵** 벼슬 작, **祿** 복 록,
將 장수 장, **佐** 도울 좌.

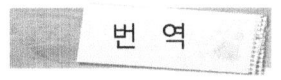

  손자가 말하였다. 무릇 많은 군사 10만을 일으키고 천 리를 출병하면 백성들의 비용과 공가의 봉록이 날로 천금을 허비하게 되고 내외가 소란스럽게 움직이게 되며 도로에서 나태해져서(군수 물자 수송으로 도로가 복잡해져서 제 구실을 못하고) 일을 다루지 못하는 자(생업을 하지 못하는 자)가 70만 가에 이른다. (전쟁은) 서로 지키

기를(대치하기를) 여러 해를 하여 어느 하루의 승리를 다투는 것인지라. 작록 백금을 아끼느라고 적군의 실정을 알지 못하는 자는 어질지 못한 지극함이니, 군사들의 장수가 아니고 군주를 보좌하는 자도 아니며 승리의 주인(주인공)이 아니니라.

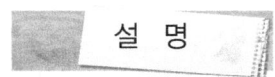

무릇 10만 군대를 동원하여 천 리나 되는 머나먼 곳까지 출정하려면, 백성이 부담하는 비용과 봉급으로 나가는 것이 하루에 천금이 허비되며, 나라의 안팎이 소란하게 움직이고, 군수 물자 수송으로 도로가 복잡해져 제 구실을 못하고, 백성들은 생업에 종사하지 못함이 70만 호에 이른다. 전쟁은 대치하기를 여러 해 하여도 승패는 하루아침에 판가름 난다. 그럼에도 작위・봉록(봉급)・금전을 아낀 나머지 적의 정보를 모르는 것은 지극한 어질지 못한 자이니, 이런 자는 많은 군사의 장수일 수 없고, 군주를 돕는 것일 수 없고, 승리의 주인공도 아니다.

◀ 원문 ▶

故로 明君賢將이 所以動而勝人하고 成功이 出於衆者는 先知也이니
고   명군현장   소이동이승인   성공   출어중자   선지야

先知者는 不可取於鬼神이요 不可象於事요 不可驗於度이니
선지자   불가취어귀신   불가상어사   불가험어도

必取於人하여 知敵之情者也니라.
필취어인   지적지정자야

◀ 한자 풀이 ▶

賢 어질 현, **動** 움직일 동, **成** 이룰 성, **功** 공 공, **衆** 무리 중,
取 취할 취, **鬼** 귀신 귀, **神** 귀신 신, **象** 그림 상, **驗** 증험할 증,
度 법도 도, **心** 마음 심, **知** 알지, **敵** 원수 적, **情** 실정 정.

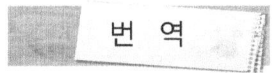

그러므로 현명한 군주와 현량한 장수가 움직여서 남을 이기고 성공하는 것이 많은 사람보다 출중한 (출중한 공을 이루는) 바는 먼저 (상대방을) 아는 것이니, 먼저 아는 자는 귀신에서 취할 수도 없고 일에서 본 뜰 수도 없고(일의 표면에 나타난 현상만 가지고 판단해서도 안 되며) 법도에서 증험할 수 없으니, 반드시 사람을 통해서만 적의 실정을 알아야 하느니라.

그러므로 명군과 현명한 장수가 기동하여 적을 이기고, 남보다 뛰어나게 공을 이루는 까닭은 적의 실정을 먼저 알기 때문이다. 적의 실정을 먼저 아는 방법은, 귀신에 의지하여 이루어질 수 있는 것이 아니고, 옛 사례에서 알아 낼 수 있는 것도 아니며, 법칙에서 경

험할 수 있는 것도 아니다. 반드시 사람을 통해서만 적의 실정을 알아 내는 것이다.

강물에 부은 소흥주를 월나라 군사들이 퍼 마시는 장면이다.
소흥 경호에 조각되어 있다.

제13권 用間篇(용간편) 165

◀ 원문 ▶

故로 用間이 有五하니 有鄕間하고 有內間하고 有反間하고 有死間하고
고   용간 유오   유향간   유내간   유반간   유사간

有生間이니 五間이 俱起하되 莫知其道라. 是謂神紀니 人君之寶也니라.
유생간   오간   구기   막지기도   시위신기 인군지보야

鄕間者는 因其鄕人而用之니라. 內間者는 因其官人而用之니라.
향간자   인기향인이용지   내간자   인기관인이용지

反間者는 因其敵間而用之니라.
반간자   인기적간이용지

死間者는 爲誑事於外하고 令吾聞知之하여 而傳於敵이니라.
사간자   위광사어외   영오문지지   이전어적

生間者는 反報也이니라.
생간자   반보야

◀ 한자 풀이 ▶

用 쓸 용, **間** 간첩 간, **鄕** 마을 향, **內** 안 내, **反** 되돌릴 반,
死 죽을 사, **生** 날 생, **俱** 함께 구, **起** 일어날 기, **莫** 아닐 막,
紀 기강 기, **寶** 보배 보, **因** 말미암을 인, **誑** 속일 광, **事** 일 사,
外 밖 외, **令** 하여금 령, **吾** 나 오, **傳** 전할 전, **報** 갚을 보.

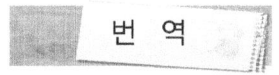

그러므로 간첩 쓰는 것이 다섯 가지가 있으니, 고을 간첩이 있고 내부에 간첩을 두는 것이 있고 이중간첩이 있고 죽어도 좋다는 식으로 죽는 간첩이 있고 반드시 살아서 돌아오는 간첩이 있으니, 다섯 가지 간첩이 모두 함께 일어나되 그 도를 (적군이) 알지 못하느지라. 이런 것을 일러 신묘한 기강이라고 하니 임금의 보배이다. 향간이라는 것은 그 (적군의) 고을 사람을 말미암아서 쓰는 것이니라.

내간이라는 것은 그 (적군의) 관인(관료, 관직)을 말미암아서 쓰는 것이니라. 반간이라는 것은 그 적의 간첩을 (역이용해서) 말미암아서(꾀어내서) 쓰는 것이니라. 사간이라는 것은 밖으로 일을 속이고 (적군에게 거짓된 것을 일러주는 것) 우리의 간첩으로 하여금 알게 해서 (죽음을 각오하고) 적에게 전달하는 것이니라. 생간이라는 것은 살아 돌아와서 보고하는 것이니라.

설 명

그러므로 간첩을 이용함에는 다섯 가지가 있으니, 향간(鄕間)・내간(內間)・반간(反間)・사간(死間)・생간(生間) 등이다. 다섯 가지 간첩을 동시에 사용하여도 적은 그 방법을 알지 못하니, 이를 신기, 곧 귀신같은 경륜과 재능이라 일컬으며, 군주의 보배다. 향간은 적국의 사람을 포섭하여 이를 활용함이고, 내간은 적국의 관리를 포섭하여 이를 활용함이며, 반간은 적의 간첩을 포섭하여 이를 활용함이고, 사간은 적군에게 거짓된 정보를 알려주고 우리의 간첩이 이를 알리고 적에게 전달케 함이며, 생간은 살아 돌아와 보고함이다.

제13권 用間篇(용간편)

◀ 원문 ▶

故로 三軍之事는 交莫親於間이요 賞莫厚於間이요 事가 莫密於間이니라.
고　삼군지사　　교막친어간　　　상막후어간　　　사　　막밀어간

非聖智면 不能用間이요 非仁義면 不能使間이요 非微妙면 不能得間之實
비성지　　불능용간　　　비인의　　불능사간　　　비미묘　　불능득간지실

이니라. 微哉인져 微哉인져 無所不用間也니라.
　　　　　미재　　　　미재　　　무소불용간야

間事未發에 而先聞者는 間與所告者가 皆死니라.
간사미발　　이선문자　　간여소고자　　개사

◀ 한자 풀이 ▶

軍 군사 군, **事** 일 사, **交** 사귈 교, **莫** 없을 막, **親** 친할 친,
間 간첩 간, **賞** 상줄 상, **厚** 두터울 후, **密** 빽빽할 밀,
聖 성스러울 성, **智** 슬기 지, **能** 능할 능, **仁** 어질 인,
義 옳을 의, **使** 부릴 사, **微** 작을 미, **妙** 묘할 묘, **得** 얻을 득,
實 열매 실, **哉** 어조사 재, **所** 위치 소, **未** 아직 아닐 미,
發 필 발, **聞** 들을 문, **與** 더불어 여, **告** 알릴 고, **皆** 모두 개.

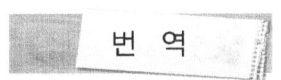

　　그러므로 삼군의 일은 교분이 간첩보다 더 친할 수 없고 (간첩을 가장 친하게 대해야 하고) 상을 주는 것이 간첩보다 후한 것이 없고 일이 그 간첩보다 더 긴밀할 수가 없느니라. 성스럽고 지혜로운 사람이 아니며 능히 간첩을 쓸 수 없고 인의(仁義)로운 사람이 아니면 능히 간첩을 부리지 못하고 미묘한(미묘한 분석력) 것이 아니면 간첩의 실속을 터득할 수 없느니라.(간첩의 정보를 얻을 수 없다.) 은미하도다! 은미하도다! 간첩을 쓰지 않을 곳이 없느니라.(간첩을 운용하지 않을 일이란 없다.) 간첩의 일이 아직 발동되지 않았는데 먼

저 들려주는 경우는(간첩의 일을 시행하기도 전에 먼저 그 일이 새 나가면) 간첩과 더불어서 일러준 사람이(그 말을 한 자) 모두 죽어야 하느니라.(죽음을 각오해야 된다.)

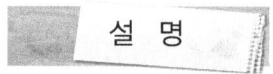

전체 군사의 일 중에서, 간첩과의 관계보다 더 친밀할 수 있는 일이 없고 간첩에게 주는 상보다 더 후할 수 있는 상이 없고, 간첩과의 일보다 더 비밀스러운 일이 있을 수 없다. 사람을 알아보는 지혜가 뛰어나지 않으면 간첩을 쓸 수 없고, 어질고 의롭지 않으면 간첩을 부릴 수 없고, 섬세하고 교묘하지 않으면 간첩의 정보를 얻을 수 없으니, 은미하고도 은미하게 해야 한다. 간첩을 운용하지 않을 일이란 없다. 간첩의 일을 시행하기도 전에 먼저 그 일이 새나가면, 간첩과 더불어서 그 말을 일러 준 자도 죽음을 각오해야 한다.

◀ 원문 ▶

凡軍之所欲擊과 城之所欲攻과 人之所欲殺은 必先知其守將과 左右와 謁
범군지소욕격 성지소욕공 인지소욕살 필선지기수장 좌우 알

者와 門者와 舍人之姓名하되 令吾間으로 必索知之니라. 必索敵人之間來
자 문자 사인지성명 영오간 필색지지 필색적인지간내

間我者하여 因而利之하고 導而舍之라. 故로 反間을 可得而用也니라.
간아자 인이리지 도이사지 고 반간 가득이용야

因是而知之라. 故로 鄕間과 內間을 可得而使也니라. 因是而知之라.
인시이지지 고 향간 내간 가득이사야 인시이지지

故로 死間이 爲誑事하여 可使告敵이니라.
고 사간 위광사 가사고적

因是而知之라. 故로 生間을 可使如期니라.
인시이지지 고 생간 가사여기

五間之事는 主必知之니 知之는 必在於反間이라.
오간지사 주필지지 지지 필재어반간

故로 反間은 不可不厚也니라.
고 반간 불가불후야

◀ 한자 풀이 ▶

欲 하고자할 욕, 擊 칠 격, 城 성 성, 攻 칠 공, 殺 죽일 살,
必 반드시 필, 先 먼저 선, 守 지킬 수, 將 장수 장, 謁 아뢸 알,
門 문 문, 舍 집 사, 姓 성 성, 名 이름 명, 令 하여금 령,
索 찾을 색, 來 올 래, 因 인할 인, 利 이로울 리, 導 이끌 도,
得 얻을 득, 使 부릴 사, 誑 속일 광, 反 되돌릴 반,
厚 두터울 후.

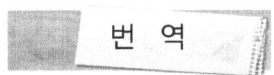

번 역

무릇 군대에 있어서의 치고자 하는 곳과 성에 있어서의 치고자

하는 곳과 사람에 있어서의 죽이고자 하는 곳은 반드시 먼저 알게 하되 그 지키는 장수와 좌우의 측근들과 알현하는 자(심부름꾼)와 경비병과 하인의 성명을 알게 해서 우리의 간첩으로 하여금 반드시 찾아서 알도록 하느니라. 반드시 적군으로서 간첩으로 와서 나에게 간첩 노릇하는 자를 찾아서 꾀어내서 이롭게 해주고(반간으로 활용할 수 있음) 잘 인도해서 거처를 마련해 주느니라. 그러므로 반간을 가히 얻어서 쓸 수 있느니라. 이런 것을 말미암아서 (적의 사정을) 알게 하느니라. 그러므로 향간과 내부 간첩을 가히 얻고서 부릴 수 있느니라. 이런 것을 말미암아서 아느니라. 그러므로 사간이 속이는 일을 행해가지고 가히 하여금 적에게 일러 줄 수 있느니라. 이런 것을 말미암아서 아느니라. 그러므로 생간을 가히 기약한 바와 같이 부릴 수 있느니라.(이런 정보를 통해 생간에게 날짜에 맞추어 돌아와서 보고하게 한다.) 이 다섯 가지 간첩에 관한 일은 군주가 반드시 알아야 되니 아는 것은 반드시 반간에 달려 있는지라. 그러므로 반간은 후하게 대하지 않을 수 없느니라.

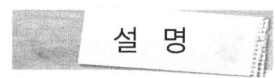

설 명

무릇 군대에 있어 공격하려는 곳과 적의 성을 치고자 하는 곳과 적군을 죽이려 한다면 먼저 그 장소와 사람을 알아야 한다. 따라서 그 수비하는 장수와 좌우의 측근들과 심부름꾼과 경비병, 그리고 하인의 이름을 알게 해서 우리편의 간첩으로 하여금 반드시 찾아내서 알게 하여야 한다. 우리에게 온 적군의 간첩을 반드시 찾아내어, 반간으로 이용할 수 있도록 이로움으로 포섭하고, 잘 인도해서 거처를 마련해주고, 적지로 놓아 보내야 반간을 얻어 쓸 수 있는 것이다. 반간으로 인하여 적정을 알 수 있으므로 향간(鄕間)·내간(內間)을 얻어 부릴 수 있다. 반간(反間, 이중 간첩)으로 인하여 적정을 알 수 있으므로 사간(死間)이 허위 정보를 퍼뜨려 적에게 알리게 할 수 있다. 반간(反間)으로 인하여 적정을 알 수 있으므로 생간(生間)을 기약한 대로 부릴 수가 있다. 이 다섯 가지 간첩에 대한 일은 군주가 반드시 알아야 하고, 이를 알 수 있게 되는 것은 반드시 반간에 달렸으므로, 반간은 후하게 대우하지 않으면 안 된다.

범려와 서시가 월나라를 떠나 살았다는 동굴 관람의 입장료 그림이다.

172 원문 독해 『孫子兵法(손자병법)』

◀ 원문 ▶

昔殷之興也에 伊摯가 在夏요 周之興也에 呂牙가 在殷이라.
석은지흥야   이지   재하   주지흥야   여아   재은

故로 惟明君賢將이 能以上智로 爲間者는 必成大功이니 此는 兵之要요
고   유명군현장   능이상지   위간자   필성대공   차   병지요

三軍之所恃而動也니라.
삼군지소시이동야

◀ 한자 풀이 ▶

昔 예 석, 殷 나라 은, 興 일어날 흥, 伊 저 이, 摯 잡을지,
在 있을 재, 夏 나라 하, 周 나라 주, 呂 이름 여, 牙 어금니 아,
惟 오직 유, 賢 어질 현, 能 능할 능, 智 슬기 지, 功 공 공,
要 요체 요, 恃 믿을 시, 動 움직일 동, 也 어조사 야.

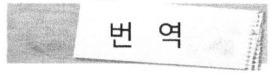

옛적에 은나라가 일어날 때에 이지(이윤)가 하나라에 있었고 주나라가 일어날 때에 여아(강태공)가 은나라에 있었느니라. 그러므로 오직 명석한 군주와 능력 있는 장군만이 능히 상질의 지혜로써 간첩으로 삼는 것은(이윤과 강태공이 상질로써 간첩이 된 경우임) 반드시 큰 공을 이룰 수 있는 것이니 이는 전쟁 용병술에 있어서 요점이고 삼군이 믿고 움직이는 바다.

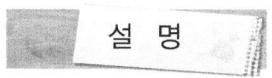

옛날에 은나라가 일어날 때 이지(이윤)가 하나라에 있었고, 주나라가 일어날 때 여아(강태공)가 은나라에 있었다. 이렇게 명석한 군주와 능력 있는 장군만이 능히 뛰어난 지혜로써 간첩을 부리어 큰

제13권　用間篇(용간편)　173

공을 이루니, 이는 전쟁 용병술에 있어 요점이면서 많은 군사가 믿고 움직이는 바가 되는 것이다.

범려와 서시가 살았다는 동굴 출구의 모습이다. 동굴 안은 비교적 넓었다.

제13권 <종합>

◀ 조직의 리더는 정보수집에 심혈을 기우려야 한다. ▶

승리를 거두기 위해서는 우선 상대방보다 먼저 적군의 정보를 알아낼 필요가 있다. 그러기 위해서는 정보활동에 힘을 기울여야 한다. 정보원은 향간(鄉間)·내간(內間)·반간(反間)·사간(死間)·생간(生間)으로 구별되는데, 이들을 적군이 알지 못하도록 이용하는 것이 최고의 전술이다. 정보원으로는 적군에서 가장 믿을 수 있는 인물을 선택하여 최고의 대우를 하고, 또한 그 활동을 극비에 붙이지 않으면 안 된다. 정보원을 사용하는 편에서도, 뛰어난 지혜와 인격을 갖추고 있지 않으면 그들을 부릴 수가 없다. 세밀한 배려와 최고의 대우가 있음으로써 실효를 거둘 수 있다. 정보활동은 그것이 곧 승패에 직결되며 용병의 핵심이 된다. 조직의 리더는 정보 수집에 비용을 아끼지 말고, 정보 수집에 최선을 다해야 한다.

◀ 부록

서시와 구천의 미인계 및
와신상담(臥薪嘗膽)에 관해서

　범려와 서시, 그리고 월나라 구천과 오나라 부차와의 관계에 와신상담(臥薪嘗膽)이라는 고사가 있다. 곧 한 번의 실패를 겪은 다음에, 원래의 목적을 이루기 위해서거나 성공하기 위해, 스스로 나태와 안일에 빠지는 것을 경계하려는 마음에서 스스로에게 고통을 부과하며 견뎌내는 태도를 이르는 말이다. 지금은 마음먹은 일을 이루려고 괴롭고 어려운 일을 참고 견디어 낸다는 의미로 사용되고 있다.
　오나라 부차의 아버지 합려가, 충신 오자서와 손무(손자)를 얻어 초나라를 점령한 후 자신의 야망을 실현하기 위해 구천의 월나라를 침공하였다. 처음에는 오나라 왕 합려의 뜻대로 싸움에서 이겼으나, 마지막 구천의 계략을 넘지 못해, 성을 함락시키지 못했다. 월나라 구천의 계략은 매일 죄수 한 명을 성 밖으로 내보내, 오나라 왕과 군사들에게 욕을 하고 할복하는 것이었다. 월나라 구천이 죄수들에게 가족의 부귀영화를 약속하자, 죄수들은 오나라 군사들 앞에 나아가 할복한 것이다. 매일 한 명씩 나와 욕하고 할복하는 장면을 오나라 군사들은 재미로 보고 기다리는 사이, 월나라 군사들이 오나라 군사를 기습 공격하여 포위망을 풀었을 뿐만 아니라, 오나라 왕 합려에게 치명적인 부상을 입혔다. 독화살을 맞은 오나라 왕 합려는 아들 부차에게 자신의 원수를 갚아 줄 것을 당부하고 죽었다.
　오나라 왕에 오른 부차는 아버지(합려) 복수를 잊지 않기 위해 섶(땔감) 위에서 잠을 자고[와신(臥薪)], 방 입구에 사람을 세워 놓고서 출입할 때마다 "부차여, 너는 월나라 군대가 너의 아버지를 죽인 것을 잊었는가?"라고 말하게 하였다. 오나라 왕 부차가 와신(臥薪)을 할 때, 월나라 왕 구천은 오나라의 상태가 늘 궁금했다. 그래서 여러 분야에 첩자를 보내 정보를 물어오게 하였다. 그 들어온 정보 중에 '지금 오나라 군사들이 수중전을 연습하는 데, 오합지졸(烏合之卒)의 모습이다. 지금 침공하면 승산이 있다'는 말을 믿고, 드디어 오나라를 침공하게 하였다.
　그러나 이는 손무(손자)의 계책이었다. 오나라에 월나라 첩자들이 많이 있다는 것을 알고 역이용하여, 일부로 졸전을 치르게 한 것이다. 때마침 월나라가 침략해 오자, 손무는 기다렸다는 듯이 월나라 군사를 회계산으로 유인하여 독 안에 든 쥐 꼴로 만들었다. 이때 월나라 재상 문종과 책략가 범려는 훗날을 도모하기 위해 비굴하더라도 항복할 것을 권하였다. 월나라 구천은 문종과 범려의 말대로 다음을 위해 무릎을 꿇고 이마가 땅에 닿도록 빌면서 목숨만을 살려 줄 것을 애원하였다. 이 모습을 본 오나라 부차는 구천이 기개도 없는 졸장부로 인식하고 죽이자는 손무와 오자서의 말을 무시한 채 마부로 살게 하였다. 재상 문종이 월나라를 다스렸다.
　오나라 왕 부차의 마부가 된 구천은 궂은일을 하면서 때를 기다리라는 범려의 말만 믿고 마부로서의 삶을 살아가고 있었다. 3년이 되던 어느 날, 오나라 왕 부차가 열병이 나서 죽게 되었다. 그때 범려가 와서 계책을 일러 주기를 "부차의 똥맛을 보고 3일 후쯤 완쾌될 것이니 염려 말라"는 말을 전하라고 하였다. 범려가 본 부차는 심한 열병으로 2~3일 후면 쾌차할 병이었기 때문이다. 범려의 계책

대로 행한 구천은 3일 후 석방되어 월나라로 돌아갈 수 있었다. 이 사실을 안 오자서는 사람을 보내 구천을 추격하였지만, 이미 구천은 월나라로 도망친 이후였다.

비굴하게 굴었던 구천의 행위는 모두가 범려의 계책에서 나온 계략이었다. 그 계략대로 오나라 왕 부차는 구천의 비범함을 알지 못했고, 마지막에는 자신을 위해 똥맛까지 보는 구천이 고마워 석방까지 했던 것이다. 모든 것은 범려의 계략 안에서 이루어졌다.

천신만고 끝에 풀려난 월나라 왕 구천은 돌아와 힘을 기르면서, 한편으로는 미인을 보내 오나라 부차를 흔들게 하였다. 저라산 나무꾼의 딸 서시를 얻은 범려는 3년 동안 지식과 온갖 잡기를 익히게 하여, 오나라 부차에게 보냈던 것이다. 그 사이 월나라 구천은 설욕을 하기 위해 짐승의 쓸개를 자리 옆에 놓고, 앉을 때나 누울 때나 늘 쓸개를 쳐다보고 음식을 먹을 때에도 또한 쓸개를 핥았다. 그러면서 혼자 "너는 회계의 부끄러움을 잊었는가?"라고 하면서 복수를 다짐했던 것이다. 상담(嘗膽)은 월나라 구천의 이야기에서 나온 말이다.

설욕 다짐을 위해 10여 년을 상담(嘗膽)한 월나라 구천은, 마침내 힘을 길러 오나라를 침략하기에 이른 것이다. 권좌 10여 년 동안 오나라 부차는 서시라는 미인에 빠져 충신인 오자서를 죽였으며, 거듭된 실정으로 국력이 쇠퇴하였다. 그 무렵 손무도 오나라 왕 부차를 떠나갔다. 서시라는 미인계에 홀려 오자서가 죽임을 당할 때, 그는 부차의 패망을 지하에서 두 눈 부릅뜨고 볼 것이라는 말을 남기고 참수되었다. 이때 월나라 구천은 모든 준비가 되어 절강성 소흥 지방의 백성들의 응원과 소흥주를 받고, 오나라를 쳐들어가 부차를 사로잡게 되었다. 구천도 자기를 살려 준 것처럼 부차를 살려주려고 하였다. 그런데 부차는 구차하게 살기 싫다며 죽여 달라고 하면서,

저승에 가면 오자서를 볼 면목이 없으니 내 얼굴을 붉은 천으로 가려달라는 유언을 남기고 죽었다. 지금도 소흥 지방에 가면 장례식 때 죽은 사람의 얼굴을 붉은 천으로 가린다고 한다. 미인계에 빠져 오자서라는 충신의 말을 듣지 않고 방자하게 굴다가 죽은 부차의 장례식 풍습이, 지금까지 소흥 지방에 전해지고 있는 것이다.

이후 범려는 구천의 관상을 보니, 고난은 함께 할 상이지만 평화로운 시대는 함께 할 상이 아님을 알고, 미인 서시를 데리고 월나라를 떠나 제나라로 가서 많은 재물을 모았다고 한다. 그때 범려의 이름은 도주공이다. 중국 소흥 지방에 가면 서시와 범려에 관한 이야기가 산재되어 전해지고 있다.

■ 저 자

● 윤인현(尹寅鉉)

- 문학박사
- 전 한국한문학회 총무이사
- 전 가톨릭대, 서강대 강사
- 전 웅지세무대 겸임교수
- 현 인하대학교 교수

원문 독해 『孫子兵法(손자병법)』

2019년 03월 29일 초판 1쇄 발행

저 자 윤인현
펴낸이 엄승진
책인편집.디자인 안암골 호랑이
펴낸곳 도서출판 지성인
주 소 서울 영등포구 여의도동 11-11 한서빌딩 1209호
메 일 Jsin0227@naver.com
연락주실 곳 T) 02-761-5915 F) 02-6747-1612
ISBN 979-11-89766-04-7 93820

정가 16,000 원

잘못 만들어진 책은 본사나 구입하신 곳에서 교환하여 드립니다.
이 책은 저작권법에 의해 보호를 받는 도서이오니 일부 또는 전부의 무단 복제를 금합니다.

「이 도서의 국립중앙도서관 출판예정도서목록(CIP)은 서지정보유통지원시스템 홈페이지(http://seoji.nl.go.kr)와 국가자료공동 목록시스템(http://www.nl.go.kr/kolisnet)에서 이용하실 수 있습니다.(CIP제어번호: CIP0000000」